中国铁建股份有限公司企业标准

中低速磁浮轨道工程施工及验收标准

Standard for Construction and Acceptance of Medium and Low Speed Maglev Track Engineering

Q/CRCC 33801—2018

主编单位：中铁十一局集团有限公司
批准单位：中国铁建股份有限公司
施行日期：2019年1月1日

人民交通出版社股份有限公司
2019·北京

图书在版编目（CIP）数据

中低速磁浮轨道工程施工及验收标准／中铁十一局集团有限公司主编 — 北京：人民交通出版社股份有限公司，2019.4
ISBN 978-7-114-15148-4

Ⅰ．①中… Ⅱ．①中… Ⅲ．①磁浮铁路—铁路工程—工程施工—标准②磁浮铁路—铁路工程—工程验收—标准 Ⅳ．①U237-65

中国版本图书馆CIP数据核字（2019）第037692号

标准类型：	中国铁建股份有限公司企业标准
标准名称：	中低速磁浮轨道工程施工及验收标准
标准编号：	Q/CRCC 33801—2018
主编单位：	中铁十一局集团有限公司
责任编辑：	曲　乐　李　农
责任校对：	赵媛媛
责任印制：	张　凯
出版发行：	人民交通出版社股份有限公司
地　　址：	（100011）北京市朝阳区安定门外外馆斜街3号
网　　址：	http://www.ccpress.com.cn
销售电话：	（010）59757973
总 经 销：	人民交通出版社股份有限公司发行部
经　　销：	各地新华书店
印　　刷：	北京鑫正大印刷有限公司
开　　本：	880×1230　1/16
印　　张：	6.25
字　　数：	114千
版　　次：	2019年4月　第1版
印　　次：	2019年4月　第1次印刷
书　　号：	ISBN 978-7-114-15148-4
定　　价：	49.00元

（有印刷、装订质量问题的图书，由本公司负责调换）

中国铁建股份有限公司文件

中国铁建科设〔2018〕165号

关于《大直径泥水盾构施工技术指南》等 3项企业技术标准发布实施的通知

所属各单位：

现批准发布中国铁建企业技术标准《大直径泥水盾构施工技术指南》（Q/CRCC 33301—2018）、《软土地区胶结桩复合地基技术标准》（Q/CRCC 23301—2018）和《中低速磁浮轨道工程施工及验收标准》（Q/CRCC 33801—2018），自2019年1月1日起实施。3项标准由人民交通出版社股份有限公司组织出版发行。

中国铁建股份有限公司
2018年12月5日

中国铁建股份有限公司办公厅　　　　　　　　　　　2018年12月5日印发

序

标准是经济活动和社会发展的技术支撑，是治理体系和治理能力现代化的基础性制度。标准也是全球治理的重要规制手段和国际经贸往来与合作的通行证，被视为"世界通用语言"。长期以来，特别是党的十八大以来，党中央、国务院高度重视标准化工作，党的十八届二中全会将标准纳入国家基础性制度范畴，党的十八届三中全会提出政府要加强战略、政策、规划标准的制定与实施。习近平总书记强调"中国将积极实施标准化战略，以标准助力创新发展、协调发展、绿色发展、开放发展、共享发展"。2017年11月新修订颁布的《中华人民共和国标准化法》，标志着我国标准工作进入了全新的发展阶段。

标准是企业抢占产业制高点的有力手段，谁能将自己的技术上升为标准，主导行业标准、国家标准甚至是国际标准，谁就能争取话语权，谁就站在了行业发展的制高点，谁就代表行业的最高水平。在国际化方面，中国铁建作为"一带一路"先锋，积极对接国家需求，实施"海外优先"战略，布局全系统、全要素、全产业链走出去，落实到具体项目就是要全面推进中国标准、中国技术、中国装备与国别市场的深入融合，在这其中，实施标准国际化是首要。

近年来，中国铁建逐步强化标准体系建设。2016年，组织"中国铁建企业技术标准体系构建与实施研究"；2017年，印发了《中国铁建股份有限公司企业技术标准（工程建设）体系框架》；2018年，组织中铁十一局、中铁十四局和中国铁建港航局等单位开展《中低速磁浮轨道工程施工及验收标准》、《大直径泥水盾构施工技术指南》和《软土地区胶结桩复合地基技术标准》等3项中国铁建试点企业技术标准的编制。3项标准按照统一技术要求、强化指导作用、推广四新技术、融合知识产权、规范工序流程、细化措施方法的原则进行编制，现已批准发布实施。3项标准的实施，将进一步引导企业加速技术成果扩散，加快企业实施四新技术，减少企业内的重复研究，为项目精细化管理和生产安全质量保障、降本增效提供标准支持。

我们相信，在全系统广大科技工作者的共同努力下，中国铁建企业技术标准体系将逐步完善、成熟，并为"品质铁建"的打造和"海外优先"战略的实施提供更为强劲的科技支撑力。

董事长：　　　　　　　　　总裁：

中国铁建股份有限公司

2018 年 12 月

前　言

本标准是根据中国铁建股份有限公司《关于下达 2017 年度科技研究开发计划及科技资助计划的通知》（中国铁建科设〔2018〕31 号）的要求，由中铁十一局集团有限公司会同有关单位编制完成。

本标准编制过程中，编制组进行了深入调查研究，系统地总结工程实践经验，广泛征求有关单位和专家意见，并与相关标准进行了协调，经反复讨论、修改，由中国铁建股份有限公司科技设计部审查定稿。

本标准共分 10 章和 15 个附录，主要技术内容包括：1 总则；2 术语；3 基本规定；4 施工准备；5 接口工程交接；6 轨道施工控制网；7 轨排与道岔监造；8 轨道安装；9 道岔安装与调试；10 单位工程综合质量评定。

本标准由中铁十一局集团有限公司负责具体技术内容的解释，由中国铁建股份有限公司科技设计部负责管理。标准执行过程中如有意见或者建议，请寄送中铁十一局集团有限公司（地址：湖北省武汉市武昌区中山路 277 号中铁大厦 21 楼，邮编：430061；电子邮箱：zt11kjb@163.com），以供今后修订时参考。

主 编 单 位：中铁十一局集团有限公司

主要起草人员：王　军　赵洪洋　徐浩然　夏明锬　陈本见　徐鹤鸣　柯尊鸿
　　　　　　　林海斌　罗朱柠　柯　露　陈　梁　彭思贤

主要审查人员：张旭东　唐希峰　刘延龙　张立青　全顺喜　周　文　翟玉新
　　　　　　　孙　立　吴应明　涂齐亮　唐　沛　王武现　张晓波　李四海
　　　　　　　李占先　李庆斌

目　次

1 总则 ………………………………………………………………… 1
2 术语 ………………………………………………………………… 2
3 基本规定 …………………………………………………………… 5
　3.1 一般规定 ……………………………………………………… 5
　3.2 工程施工质量验收单元划分 ………………………………… 6
　3.3 工程施工质量验收内容和要求 ……………………………… 6
　3.4 工程施工质量验收程序和组织 ……………………………… 8
4 施工准备 …………………………………………………………… 10
　4.1 施工调查 ……………………………………………………… 10
　4.2 施工技术文件核对 …………………………………………… 11
　4.3 施工组织设计 ………………………………………………… 11
　4.4 施工方案 ……………………………………………………… 12
　4.5 施工作业指导书 ……………………………………………… 12
　4.6 施工技术交底 ………………………………………………… 13
　4.7 轨排基地建设 ………………………………………………… 14
　4.8 轨排、道岔及接头进场检验 ………………………………… 15
　4.9 施工平台 ……………………………………………………… 17
　4.10 道岔安装施工准备 ………………………………………… 19
　4.11 首件工程评估 ……………………………………………… 19
5 接口工程交接 ……………………………………………………… 20
　5.1 一般规定 ……………………………………………………… 20
　5.2 检查项目 ……………………………………………………… 20
6 轨道施工控制网 …………………………………………………… 22
　6.1 一般规定 ……………………………………………………… 22
　6.2 技术标准 ……………………………………………………… 24
7 轨排与道岔监造 …………………………………………………… 30
　7.1 一般规定 ……………………………………………………… 30
　7.2 轨排监造 ……………………………………………………… 30
　7.3 道岔监造 ……………………………………………………… 32

8 轨道安装 ... 35
8.1 一般规定 ... 35
8.2 轨道施工工艺流程 ... 36
8.3 轨排运输 ... 36
8.4 轨排初铺 ... 37
8.5 轨道精度调整 ... 39
8.6 轨排接头安装 ... 41
8.7 承轨台施工 ... 42
8.8 轨道整理与复测 ... 44
8.9 轨道附属设施施工 ... 44
8.10 轨道安装质量验收 ... 44

9 道岔安装与调试 ... 51
9.1 一般规定 ... 51
9.2 道岔安装与调试工艺流程 ... 52
9.3 道岔运输与吊装 ... 52
9.4 道岔基础预埋件安装 ... 53
9.5 道岔安装 ... 53
9.6 道岔试验 ... 54
9.7 道岔安装质量验收 ... 54

10 单位工程综合质量评定 ... 61
10.1 单位工程质量控制资料核查 ... 61
10.2 单位工程实体质量与主要功能核查 ... 62
10.3 单位工程观感质量评定 ... 63

附录 A.1 现场管理检查记录表 ... 65
附录 A.2 轨道及道岔安装单位工程、分部工程、分项工程划分表 ... 66
附录 B.1 检验批质量验收记录 ... 67
附录 B.2 现场验收检验批检查原始记录 ... 68
附录 B.3 分项工程质量验收记录 ... 69
附录 B.4 分部（子分部）工程质量验收记录 ... 70
附录 B.5 轨道安装工程竣工验收资料清单 ... 71
附录 B.6 道岔安装工程竣工验收资料清单 ... 72
附录 B.7 单位（子单位）工程质量竣工验收记录 ... 73
附录 C.1 F 型钢机械加工检验记录 ... 74
附录 C.2 F 型钢曲线线形检测记录 ... 75
附录 C.3 F 型钢涂装工序质量检验记录 ... 76

附录 C.4	铝感应板进厂检验记录	77
附录 C.5	H型轨枕加工精度检验记录	78
附录 C.6	中低速磁浮工程轨排组装质量记录	79

本标准用词说明 …………………………………………………………………… 80

引用标准名录 ……………………………………………………………………… 81

引用专利技术名录 ………………………………………………………………… 82

Contents

1 **General Provisions** ·· 1
2 **Terms** ··· 2
3 **Basic Requirement** ·· 5
   3.1 General Requirement ·· 5
   3.2 Unit Division for Acceptance of Engineering Construction Quality ···················· 6
   3.3 Content and Requirement for Acceptance of Engineering Construction Quality ··· 6
   3.4 Procedure and Organization for Acceptance of Engineering Construction Quality ··· 8
4 **Construction Preparation** ··· 10
   4.1 Construction Investigation ··· 10
   4.2 Verification of Construction Technical Documents ····································· 11
   4.3 Construction Organization Plan ··· 11
   4.4 Construction Scheme ··· 12
   4.5 Construction Working Instruction ··· 12
   4.6 Construction Technology Disclosure ·· 13
   4.7 Construction of Rail-lined Base ·· 14
   4.8 Site Inspection of Transport Rail, Turnout and Transport Rail Joints ··········· 15
   4.9 Construction Platform ·· 17
   4.10 Construction Preparation of Turnout Installation ······································ 19
   4.11 Evaluation of First Project ·· 19
5 **Interface Engineering Handover** ··· 20
   5.1 General Requirement ··· 20
   5.2 Check Items ·· 20
6 **Track Construction Control Network** ·· 22
   6.1 General Requirement ··· 22
   6.2 Technical Standard ··· 24
7 **Suprevision of Transport Rail and Turnout** ·· 30
   7.1 General Requirement ··· 30

7.2	Suprevision of Transport Rail	30
7.3	Suprevision of Turnout	32

8 Track Installation ········ 35
    8.1 General Requirement ········ 35
    8.2 Technology Process of Track Construction ········ 36
    8.3 Transportation of Transport Rail ········ 36
    8.4 Initial Lay of Transport Rail ········ 37
    8.5 Accuracy Adjustment of Track ········ 39
    8.6 Transport Tail Joints Installation ········ 41
    8.7 Construction of Support Rail Monolithic Track Bed ········ 42
    8.8 Track Finishing and Re-testing ········ 44
    8.9 Construction of Track Accessory Facilities ········ 44
    8.10 Quality Acceptance of Track Installation ········ 44

9 Turnout Installation and Commissioning ········ 51
    9.1 General Requirement ········ 51
    9.2 Technology Process for Installation and Commissioning of Turnout ········ 52
    9.3 Turnout Transportation and Hoisting ········ 52
    9.4 Installation of Pre-embedded Parts of Turnout Foundation ········ 53
    9.5 Turnout Installation ········ 53
    9.6 Turnout Test ········ 54
    9.7 Quality Acceptance of Turnout Installation ········ 54

10 Comprehensive Quality Assessment of Unit Project ········ 61
    10.1 Verification for Quality Control Date of Unit Project ········ 61
    10.2 Verification for Entity Quality and Main Funtion of Unit Project ········ 62
    10.3 Perception for Quality Assessment of Unit Project ········ 63

Appendix A.1 Inspection Record for Control in Construction Site ········ 65
Appendix A.2 Division for Unit Project, Sub-section Project, Sub-item Project of Rail and Turnout Installation ········ 66
Appendix B.1 Quality Acceptance Records of Inspection Lot ········ 67
Appendix B.2 Original Record for Inspection of On-Site Acceptance by Inspection Lot ········ 68
Appendix B.3 Quality Acceptance Records of Sub-item Project ········ 69
Appendix B.4 Quality Acceptance Records of Sub-section Project ········ 70
Appendix B.5 List for Completion Acceptance of Track Installation Engineering ········ 71

Appendix B. 6	**List for Completion Acceptance of Turnout Installation Engineering**	72
Appendix B. 7	**Quality Acceptance Records of Unit Project**	73
Appendix C. 1	**Inspection Record for Machining of F Type Steel**	74
Appendix C. 2	**Inspection Record for Curve Line of F Type Steel**	75
Appendix C. 3	**Quality Inspection Records for Coating Process of F Type Steel**	76
Appendix C. 4	**Inspection Record for Site Acceptance of Reaction Plate**	77
Appendix C. 5	**Inspection Record for Working Accuracy of H Type Sleeper**	78
Appendix C. 6	**Quality Record for Transport Rail Assembly of Medium and Low Speed Maglev Engineering**	79

Explanation of Wording in This Code ······ 80

List of Quoted Standard ······ 81

List of Quoted Patent Technology ······ 82

1 总则

1.0.1 为统一中低速磁浮轨道工程施工要求及验收标准，规范施工管理，保证工程施工质量，制定本标准。

1.0.2 本标准适用于中低速磁浮轨道工程的施工及质量验收。

1.0.3 中低速磁浮轨道工程应严格按照设计要求及工程质量标准进行施工，加强过程控制及质量检测工作，上道工序必须经检查验收合格后，方可进行下道工序施工。

1.0.4 工程采用的原材料、预制品、设备及外购件等，应符合国家、行业现行有关标准的规定；采用的新技术、新工艺、新材料、新设备应符合设计要求。

1.0.5 工程中的特种设备、消防设备应按专项验收要求验收。

1.0.6 施工前应根据现场调查后的设计文件，按照有关要求，编制相应的施工组织设计、专项技术方案及应急预案，经批准后实施。

1.0.7 应遵循国家安全生产工作的有关法律法规，建立施工安全生产保障体系和职业健康安全管理体系，做好参建人员的安全防护与卫生保健工作。

1.0.8 应遵循国家有关绿色施工的相关规定，在保证质量、安全的前提下，做好环境保护、节材与材料资源利用、节水与水资源利用、节能与能源利用、节地与施工用地保护，减少对环境的影响。

1.0.9 工程施工及验收除应符合本标准规定外，尚应符合国家现行有关标准和中国铁建有关技术标准的规定。

2 术语

2.0.1 中低速磁浮交通 medium and low speed maglev transit
采用直线异步电机驱动，定子设在车辆上的常导磁浮轨道交通。

2.0.2 轨道结构 track structure
轨道设备或设施中用于车辆支撑和导向并将列车载荷传向承轨结构的组合体。轨道结构由轨排、扣件、承轨台等组成。

2.0.3 F型钢 F type steel
断面为"F"形状的中低速磁浮轨道专用型钢。F型钢由内腿、外腿、腹板和翼板组成。

2.0.4 感应板 reaction plate
车辆牵引用直线异步电机次级的组成部分，是非磁性导电材料，安装在F型钢上。

2.0.5 F型导轨 F type rail
一种承受磁浮车辆悬浮力、导向力及牵引力的基础构件，由F型钢和感应板组成。
与悬浮电磁铁两磁极板对应的F型钢内腿和F型钢外腿分别称为F型导轨的内磁极和外磁极。内磁极和外磁极的两个端面称为磁极面。F型钢腹板下表面称为悬浮检测面。F型钢翼板的上表面称为支撑轮滑行面或滑橇支撑面。

2.0.6 轨枕 sleeper
用来连接F型导轨，使F型导轨与梁体之间保持相对位置固定并传递载荷的基础构件。

2.0.7 轨枕间距 sleeper span
沿线路方向上相邻两根轨枕中心线之间的距离。

2.0.8 轨距 track gauge
轨道两侧F型导轨悬浮检测面中心线之间的距离。

2.0.9　轨排　track panel
构成中低速磁浮线路的基本单元，具有支撑磁浮车辆、承受车辆的悬浮力和导向力及牵引力的功能。轨排由F型导轨、轨枕连接件及紧固件等组成。

2.0.10　轨排接头　transport rail joints
相邻轨排之间的伸缩、限位连接装置。

2.0.11　扣件　fastening
将轨排固定在承轨台或其他轨下基础的连接部件。

2.0.12　轨缝　rail joint gap
设置在轨排接头处两相邻轨排的F型钢端间的缝隙。

2.0.13　轨面　top of rail
轨道顶面，指承轨梁两侧F型导轨滑橇支撑面的连线；连线的中心点为轨道基准点。

2.0.14　轨排施工平台　the section of track construction platform
在分离式承轨梁中间处搭设的一种便于施工操作的平台，用于保障施工人员安全。

2.0.15　轨排控制网（CFⅢ）　track panel control network（CFⅢ）
沿线路布设的平面高程三维控制网，为轨排铺设和运营维护提供控制基准。

2.0.16　承轨梁　track beam
设置在隧道、路基以及桥梁上，用于支撑轨道结构，安装接触轨，实现中低速磁浮列车抱轨运行的结构物。

2.0.17　承轨台　support rail monolithic track bed
支撑和固定轨排，并将列车荷载传向承轨结构的一种现浇钢筋混凝土轨道结构组成部分。

2.0.18　中低速磁浮道岔　medium and low speed maglev turnout
中低速磁浮线路的转线设备，由主体结构、驱动、锁定、控制等部分组成。其主体结构梁由三段钢结构梁构成，每段钢结构梁依次围绕三个实际点旋转实现转线。按照结构组成和功能状态，磁浮道岔可分为单开道岔、对开道岔、三开道岔、多开道岔、单渡线道岔和交叉渡线道岔。

2.0.19 备品备件 spare parts

指设备在正常运行的情况下,为保证线路运营安全必须储备的设备、部件、材料和配件。

2.0.20 检验批 inspection lot

按同一生产条件或按规定的方式汇总起来供检验用的,由一定数量样本组成的检验体。

2.0.21 验收 acceptance

在施工单位自行检查评定的基础上,参与建设活动的有关单位共同对分项、分部、单位工程的质量按有关规定进行检验,根据相关标准以书面形式对工程质量是否达到合格做出确认。

3 基本规定

3.1 一般规定

3.1.1 轨道工程施工现场质量管理应有相应的施工技术标准、健全的质量管理体系和检验制度。施工现场质量管理检查记录表宜参照附录 A.1 填写,由监理工程师进行检查,并做出检查结论。

3.1.2 轨道工程施工应符合下列规定:
1 凡涉及结构安全、节能、环境保护和使用功能的试件、试块、材料、产品、构配件、主要设备等,应按各专业施工规范、验收规范和设计文件等规定进行复检,并由监理工程师检查认可。
2 各工序应按施工规范和技术标准进行质量控制,每道工序完成后,施工单位应进行检查,并形成记录。
3 工序之间应进行交接检验,上道工序应满足下道工序的施工条件和技术要求。相关专业工序之间的交接检验应经监理工程师检查认可,未经检查或经检查不合格的不得进行下道工序施工。

3.1.3 轨道工程施工质量的验收应符合下列规定:
1 工程施工质量应符合设计和相关专业验收规范的规定。
2 工程施工质量的验收均应在施工单位自行检查合格的基础上进行。
3 隐蔽工程在隐蔽前应由施工单位通知监理单位进行验收,并应形成验收文件。
4 涉及结构安全的试块、试件、现场检验项目,监理单位应按规定进行平行检验、见证检验。
5 涉及结构安全和使用功能的重要分部工程应进行抽样检测。
6 轨道及道岔安装工程中涉及行车安全的分部工程,应由施工单位和监理单位逐项进行平行检验。
7 单位工程的观感质量应由验收人员通过现场检查共同确认。
8 承担见证取样检测及有关结构安全检测的单位应具有相应的资质。
9 参加工程施工质量验收的各方人员应具备规定的资格。

3.2 工程施工质量验收单元划分

3.2.1 工程施工质量验收划分为单位（子单位）工程、分部（子分部）工程、分项工程和检验批。

3.2.2 单位工程应按一个完整工程或一个相当规模的施工范围划分。

3.2.3 分部工程应按一个完整部位或主要结构及施工阶段划分。

3.2.4 分项工程宜按工种、工序、材料、施工工艺划分。

3.2.5 检验批可根据施工及质量控制和验收需要按施工段或部位等划分。

3.2.6 轨道及道岔安装工程的分部（子分部）工程、分项工程的划分宜按附录 A.2 执行。

条文说明

第 3.2.1 条～第 3.2.5 条根据《建筑工程施工质量验收统一标准》（GB 50300—2013）、城市轨道交通系统基本构成、中低速磁浮交通系统特点及长沙磁浮交通工程设计施工经验制定。

3.3 工程施工质量验收内容和要求

3.3.1 检验批的质量验收应包括如下内容：
1 实物检查，应按下列方式进行：
1）原材料、构配件和设备等的检验应按进场的批次和产品的抽样检验方案执行；
2）混凝土强度等应按国家现行有关标准和本标准规定的抽样检验方案执行；
3）本标准中采用计数检验的项目应按抽查总点数的合格率进行检查。
2 资料检查应包括原材料、构配件和设备等的质量证明文件（质量合格证、规格、型号及性能检测报告等）和检验报告、施工过程中重要工序的自检和交接检验记录、平行检验报告、见证取样检测报告、隐蔽工程验收记录等。
3 质量责任确认：对施工作业人员质量责任登记进行确认。

3.3.2 检验批质量应符合下列规定：
1 主控项目的质量经抽样检验全部合格。
2 一般项目的质量经抽样检验合格。当采用计数检验时，有容许偏差的抽查点，除有专门要求外，合格点率应达到80%及以上，且不合格点的最大偏差不得大于规定容许偏差的1.5倍。

  3 具有完整的施工操作依据、质量检查记录。

  4 施工作业人员质量责任登记情况真实、全面。

3.3.3 分项工程质量验收应符合下列规定：

  1 分项工程所含的检验批均应符合合格质量的规定。

  2 分项工程所含的检验批的质量验收记录应完整。

3.3.4 分部（子分部）工程质量验收应符合下列规定：

  1 分部工程所含分项工程的质量均应验收合格。

  2 质量控制资料应完整。

  3 主体结构、子系统等分部工程中有关安全及使用功能的检验和抽样检测结果应符合有关规定。

  4 观感质量应符合验收要求。

3.3.5 单位（子单位）工程质量验收应符合下列规定：

  1 单位工程所含分部工程的质量均应验收合格。

  2 质量控制资料应完整。

  3 单位工程所含分部工程有关安全和使用功能的检测资料应完整。

  4 主要功能项目的抽查结果应符合相关专业质量验收标准的规定。

  5 观感质量验收应符合要求。

3.3.6 当工程施工质量不符合要求时，应按下列规定进行处理：

  1 经返工或返修的检验批，应重新验收。

  2 经有资质的检测机构检测鉴定能够达到设计要求的检验批，可予以验收。

  3 经有资质的检测机构检测鉴定达不到设计要求，但经原设计单位验算认可能够满足安全和使用功能的检验批，可予以验收。

  4 经返修或加固处理的分项工程、分部工程，满足安全及使用功能要求的，可按技术处理方案和协商文件的要求予以验收。

  5 通过返修或加固处理仍不能满足安全和使用功能要求的分部工程、单位工程，严禁验收。

条文说明

  第3.3.1条~第3.3.6条参考《建筑工程施工质量验收统一标准》（GB 50300—2013）、《高速铁路轨道工程施工质量验收标准》（TB 10754—2010）提出。

3.4 工程施工质量验收程序和组织

3.4.1 检验批应由施工单位自检合格后报监理单位，由监理工程师组织施工单位专职质量检查员等进行验收。施工单位应对全部主控项目和一般项目进行检查。监理单位应对全部主控项目进行检查，对于一般项目的检查内容和数量可根据具体情况确定。检验批的质量验收记录应按附录B.1和附录B.2填写。主控项目应详细填写，一般项目可填写概括性结论。

3.4.2 分项工程完工且施工单位自检合格后，应由专业监理工程师组织施工单位分项工程技术负责人等进行验收，并按附录B.3填写。

3.4.3 分部工程完工且施工单位自检合格后，应由总监理工程师组织施工单位项目负责人和技术负责人、质量负责人等进行验收。分部工程的质量验收记录宜按附录B.4填写。

条文说明

第3.4.1条~第3.4.3条参考《建筑工程施工质量验收统一标准》（GB 50300—2013）、《高速铁路轨道工程施工质量验收标准》（TB 10754—2010）提出。

3.4.4 单位工程完工后，施工单位应自行组织相关人员进行检查评定，并向建设单位提交单位工程验收报告。

3.4.5 单位工程验收应具备以下条件：
1 完成工程设计和合同约定的各项内容，对不影响运营安全及使用功能的缓建项目已得到相关部门的书面同意。
2 质量控制资料完整。
3 单位工程所含分部工程的质量均验收合格。
4 有关安全和使用功能的检测、测试和必要的认证资料应完整；主要功能项目的检验、检测结果符合相关专业质量验收规范的规定。
5 具有设计、施工、监理等单位签署的质量合格文件或质量评价意见。
6 观感质量符合验收要求。
7 有关部门责令整改的问题已经整改完毕。

3.4.6 单位工程验收应符合下列规定：
1 施工单位对单位工程质量自检合格后，总监理工程师应组织专业监理工程师，依据有关法律、法规、工程建设强制性标准、设计文件及施工合同，对施工单位报送的验收资料进行审查后，组织单位工程预验收。

  2 单位工程各相关参建单位应参加预验收，预验收可参照单位工程验收程序进行。

  3 单位工程预验收合格、遗留问题整改完毕后，施工单位应向建设单位提交单位工程预验收报告，申请单位工程验收。预验收报告应具有总监理工程师签署的意见。

  4 单位工程验收应由建设单位组织，设计、施工、监理等各参建单位的项目负责人均应参加。

  5 单位工程验收应由建设、勘察、设计、施工、监理等单位分别汇报工程合同履约情况和在工程建设各个环节执行法律、法规和工程建设强制性标准的情况。

  6 单位工程验收时，对重要分部工程应核查质量验收记录，进行质量抽样检查，经验收记录核查和质量抽样检查合格后，方可判定所含的分部工程质量合格。

  7 单位工程质量验收可委托第三方质量检测机构进行工程质量抽检。

  8 当一个单位工程由多个子单位工程组成时，子单位工程质量验收的组织和程序应参照单位工程质量验收组织和程序进行。

  9 工程竣工验收应提供附录 B.5 和附录 B.6 所示资料。

条文说明

  本条第 1 款参照《城市轨道交通建设工程验收管理暂行办法》（建质〔2014〕42号）提出。

  本条第 2~4 款参照《建筑工程施工质量验收统一标准》（GB 50300—2013）、《城市轨道交通建设工程验收管理暂行办法》（建质〔2014〕42号）提出。

3.4.7 建设单位收到工程验收报告后，应由建设单位项目负责人组织施工、设计、监理单位项目负责人进行单位工程验收，并按附录 B.7 填写记录。单位工程验收包含综合质量评定的内容，单位工程综合质量评定应符合本标准第 10 章的相关规定。

4 施工准备

4.1 施工调查

4.1.1 应收集与轨道施工有关的工程资料。

4.1.2 应了解与轨道工程有关的施工进度,核查路基、桥梁等工程有关资料及工程外观,核实轨道施工进度计划。

4.1.3 应调查轨排、道岔的运输条件。

4.1.4 应核查架空管线、埋地管线、临时建筑物等建筑限界,有关营业线设备及运营情况。

4.1.5 应办理临时用地手续,准备拆迁补偿所需的资料。

4.1.6 应调查现有可利用驻地或新建驻地的环境条件情况。

4.1.7 应调查当地生活供应、医疗、卫生、防疫和民族风俗等情况。

4.1.8 应核查不良地质地段地基处理、路基填筑和过渡段填筑的施工、沉降控制及质量验收情况。

4.1.9 应调查沿线运输通道地形、地貌和交通情况,提出维持道路交通的临时措施。

4.1.10 应调查沿线水源、电源情况,制订用水、用电计划。

4.1.11 应核查设计文件中轨排基地的技术条件,调查满足工程要求的卸料、堆存材料场地。

4.1.12 应收集沿线的气象等有关资料。

4.2 施工技术文件核对

4.2.1 施工前，应熟悉经批准的设计文件、变更设计及施工记录表格。

4.2.2 施工资料应包括设计文件，施工技术标准，施工质量验收标准，CFⅠ、CFⅡ平面及高程控制网成果资料，线下工程沉降变形分析评估报告，线路中桩表，水准点表，线路高程及中线竣工测量资料，相关施工记录表格等。

4.2.3 设计文件应包括线路平面图、线路纵断面图、车站平面布置图、线路参数表、轨排设计图、设计说明、变更设计和其他相关专业设计图等。

4.2.4 施工单位开工前应核对施工图，领会设计意图，明确设计标准，并做好核对记录。

4.2.5 施工中发现设计与现场实际情况不符时，应及时书面通知监理、设计和建设单位，不得擅自修改设计和继续施工。

4.3 施工组织设计

4.3.1 施工前应编制实施性施工组织设计，对施工过程的质量控制及进度计划提出明确要求。当施工组织设计在实施过程中发生变化时，应及时分析原因，采取相应措施。

4.3.2 施工组织设计宜包含以下内容：
1. 编制依据、编制范围及设计概况。
2. 工程概况。
3. 建设项目所在地区特征。
4. 总体施工组织安排。
5. 临时工程和过渡工程。
6. 施工方案。
7. 资源配置。
8. 管理措施。
9. 引用的设计文件与施工规范。
10. 需进一步研究解决的问题及建议。
11. 施工组织图，包括附表、附图、附件。

条文说明

本条参照《高速铁路轨道工程施工技术规程》（Q/CR 9605—2017）提出。

4.3.3 施工组织设计应报送监理单位、建设单位审批后实施。

4.3.4 当设计发生变更或建设单位指导性施工组织设计发生变化时，应及时对施工组织设计进行调整。

4.4 施工方案

4.4.1 施工方案的编制应符合下列规定：
1. 应遵循先进、成熟、经济、适用、可靠、保证工程质量和施工安全的原则，根据设计要求并结合地形、地貌、地质情况、交通运输、气象条件等合理确定。
2. 各道工序之间、施工接口之间应统筹安排，减少交叉干扰。
3. 临时工程宜采取永临结合的方式。
4. 各类用地应结合工程实际统一规划，减少临时用地。

4.4.2 施工方案编制时应考虑以机械化作业为主，人工配合为辅。机械设备应按经济、高效的原则配置，并满足安全、质量和工期要求。

4.4.3 施工方案应按程序进行评审或审批后方可执行。

4.4.4 对上跨、下穿既有交通线等特殊地段的轨道工程，应按有关规定编制专项施工方案。专项施工方案包括专项安全施工方案，困难地段轨道铺设方案，车站、车辆段施工方案，曲线段轨道精调施工方案，道岔运输与吊装方案，道岔安装方案等。

4.5 施工作业指导书

4.5.1 施工单位应提前编制施工作业指导书，内容应包含轨道初铺、轨道精调、承轨台浇筑、施工平台搭设与拆除、支撑脚安装、梁上导轨安装、活动端导轨安装等关键工序。

4.5.2 施工作业指导书应按照标准化管理要求编制，将先进成熟的工艺工法、科学合理的生产组织与现场施工条件相结合，做到图文并茂、简明易懂、可操作性强。

4.5.3 施工作业指导书经审核后，施工单位应及时发布、下发至现场管理人员和相关作业人员，并进行现场作业技术交底及人员培训。

4.6 施工技术交底

4.6.1 施工单位应依据设计文件和设计技术交底要求，将轨道工程施工方案及施工工艺、施工进度计划、过程控制要点及质量标准、作业标准、材料设备及工装配置使用要求、安全措施及施工注意事项等向参与施工的技术管理人员和作业人员进行技术交底。

4.6.2 轨道工程施工技术交底应分级进行，交底形式可采用岗前培训、会议、书面与现场结合的方式进行。

4.6.3 项目总工程师应对项目部各部室及技术人员进行技术交底，技术交底应包含以下内容：
 1 轨道设计概况、施工图及设计变更内容。
 2 项目施工调查情况、施工部署、大型临时设施及过渡工程方案。
 3 轨道工程的施工工艺及方法。
 4 临近营业线或跨越河道、道路等危险性较大地段轨排及道岔吊装安全专项实施方案。
 5 主要工程材料设备、主要施工装备、劳动力安排及资金需求计划。
 6 轨道工程技术和质量标准，主要危险源及重大技术方案安全环保措施。
 7 施工中应注意的问题。

4.6.4 技术主管人员应对作业队技术负责人进行技术交底，技术交底应包含以下内容：
 1 轨道工程施工组织安排、施工作业指导书、分部分项工程交底。
 2 工程质量、安全环保等施工方面的具体措施及标准。
 3 轨道工程施工作业方法、操作规程及施工技术要求。
 4 线路平面图、线路纵断面图、车站平面布置图、线路参数表、轨排设计图、道岔设计图、轨道相关工程结构图等。
 5 成型轨道保护方法及措施。
 6 轨道工程施工注意事项。

4.6.5 作业队技术负责人应对班组长及全体作业人员进行技术交底，技术交底应包含以下内容：
 1 轨道作业标准、施工规范、验收标准及工程质量要求。
 2 核查线下工程承轨台预埋钢筋的安装情况。
 3 轨道各工序施工准备工作及相应设备的配套准备。

4 轨道及相关工程测量放样桩位。
5 轨排、道岔等材料的规格型号、数量、质量要求及使用部位。
6 轨道各部件结构尺寸大样图、车挡预埋件及线路信号标志图等。
7 轨道工程施工工艺流程及接口工程施工先后顺序。
8 轨道工程施工操作要点、质量控制要点及标准、问题预防及注意事项。
9 轨道工程施工技术措施和安全技术措施。

4.6.6 各分部、分项工程及关键工序、专项方案实施前，项目总工程师或技术部门负责人应会同技术主管人员向作业队进行交底，并对交底后的实施情况进行检查验收。施工方案及施工工艺发生变化时应及时进行补充交底。

4.6.7 轨道施工技术交底应细致全面，会议交底后应形成技术交底纪要并附必要的图表，参加技术交底人员应签字确认，书面交底应双方签字确认。

4.6.8 施工单位应做好安全质量教育培训工作。特种作业人员，必须经过教育培训，考试合格后，方可持证上岗。

4.7 轨排基地建设

4.7.1 轨排基地的建设规模应根据工程规模、进度要求、使用期限、现场条件等因素，经技术经济指标比选后确定。

4.7.2 轨排基地的选址应遵循永临结合、减少占地、交通便利的原则。

4.7.3 轨排基地应具备轨排存储及检测的功能。

4.7.4 需要组装轨排时，轨排基地应建立标准化组装车间。

条文说明

建立室内轨排组装车间，能改善工作条件，有利于提高组装质量和工作效率。为确保轨排组装精度，需建立生产流水线，制定轨排组装作业书，配备专用组装胎具并定期进行检校。

4.7.5 轨排基地内器材堆放场地应平整、坚实，排水系统畅通，防护设施齐备。

4.7.6 轨排基地应建立安全防护措施。

4.7.7 轨道部件应分类堆码整齐并标明型号及规格，并做好防雨、防晒措施。

4.7.8 存轨台布置应考虑轨排的轨枕间距，混凝土强度等级应不低于C25，其标高容许偏差为±2cm。

4.7.9 轨排基地的各项设施和布置应符合下列规定：
1 基地设施应考虑环境保护，充分利用现有水源、电源以及运输通路。
2 基地应合理分区布置，划分存放、检测、试验及辅助区。
3 基地应根据地形和存料布置，使运输车辆作业顺向，材料堆置合理、取送方便，并应使各种起重吊运机械之间相互协调。
4 场内堆置物与轨道及走行线间应留有不小于0.5m安全距离，并符合消防的有关规定。

4.7.10 轨排检测平台应能满足工程所需轨排的检测任务，平台台座表面的共面度精度容许偏差为±1mm，共面度应定期检查和调整，检查方法为利用共面度检查尺或电子水准仪测量。

条文说明

轨排检测平台是检测轨排内部尺寸的静置平台，也是确保检测准确性的基础。轨排的F型导轨磁极面放置于检测平台上，为了检测磁极面的共面度，需要调整检测平台的精度容许偏差为±1mm。平台多为刚性材料，宜采用复合钢。轨排检测平台可参考图4-1。

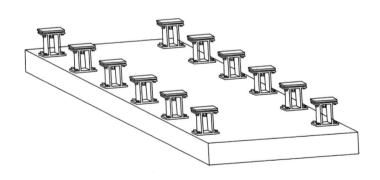

图4-1 轨排检测平台示意图

4.8 轨排、道岔及接头进场检验

4.8.1 轨排、道岔及接头进场质量检验应符合下列规定：
1 供货商应提供如下文件：

1）轨排、道岔及接头出厂合格证；
2）原材料质量证明文件及检测报告；
3）原材料复验质量证明书及检测报告；
4）机加工检查记录表；
5）轨排组装质量记录表。

2 单组轨排组装尺寸容许偏差应符合表4.8.1的规定。

表 4.8.1 单组轨排组装尺寸容许偏差

序 号	检 查 项 目	容许偏差（mm）
1	轨距	±1
2	两F型导轨对角线长度	≤2
3	相邻两轨枕间距	±2
4	同一横截面四磁极面共面度	≤1
5	F型导轨端部滑行面键槽间距	≤0.4
6	轨排长度方向任意4m线形偏差	（弦高）≤1.5
7	感应板上表面各固定螺钉间的平面度	≤1
8	F型导轨的总高度要求	满足设计要求

注：F型导轨的总高度要求的设计值需要跟车辆供货商设计联络确定，宜取值 $100_{-0.5}^{+0.3}$ mm。

4.8.2 轨排、道岔及接头接收单位应对进场的轨排、道岔及接头进行开箱检查，对照相关文件清单核查相关质量文件、证书是否齐全。

4.8.3 轨排、道岔及接头接收后，应进行抽检。

4.8.4 轨排、道岔及接头进场检验内容包括外观质量、线形检测、结构尺寸检测、平整度检测、磁极面共面度检测、轨距检测等，并及时填写质量验收记录表。

4.8.5 对不符合验收标准的轨排、道岔及接头，应对该批次进行加密抽检，抽检再不合格，应逐个检查，对不合格的进行返厂处理。

4.8.6 轨排存放应符合下列规定：
1 存放场地坚实平整，承载力满足存放要求，且所处位置便于吊装和运输。
2 轨排堆码层间设置相同高度的垫木，每个轨枕处均应设置垫木，垫木支撑在轨枕上并靠近导轨，垫木间隔不宜大于4m并在同一垂线上。
3 轨排堆码整齐，堆码层数不宜超过8层，并采取有效的防倾翻措施。
4 轨排基地场区内根据地势向低洼处设单向横坡排水。

5 轨排基地主要由轨排待检测区、检测完成区、检测辅助区组成，其轨排平面按纵列式布置，存放台座采用横向并排布置。

6 轨排进场检验合格后，应及时安装，不宜长时间存放于轨排基地。轨排存放超过6个月，应复检轨排的几何尺寸及线形，合格后方可安装。

7 轨排存放应预留通道，保障进出通畅。

条文说明

轨排为组装钢结构，各组件加工及组装精度要求高，为保证水平及垂直运输几何形状稳定，防止感应板、结构表面防腐层损伤，制订专项运输方案是必要的。轨排运输可参照《中低速磁浮交通轨排通用技术条件》（CJ/T 413—2012）相关说明。轨排运输加固可采用图4-2方案执行。

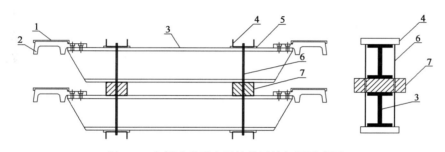

图4-2 中低速磁浮交通轨排运输加固示意图
1-感应板；2-F型钢；3-钢轨枕；4-[10槽钢；5-橡胶垫片；6-连接钢筋；7-短木块

4.9 施工平台

4.9.1 轨排铺设前，宜搭设提供安全保障和操作空间的施工平台。施工平台应经过承载力、稳定性受力验算，验算合格方可投入使用。

条文说明

以长沙磁浮交通工程为例：承轨梁顶部宽度为1.3m，轨道顶部宽度为2.08m，轨道两侧F型导轨处于悬空状态，人工作业没有空间，因此搭设施工平台，用于提供作业空间和安全临边防护。施工平台考虑单线和双线。单线和双线施工平台可分别参考图4-3及图4-4。

4.9.2 施工平台的搭设应预留承轨台支模空间。

4.9.3 平台零构件连接应牢固可靠，焊缝饱满，焊缝长度符合相关规范要求。

4.9.4 施工平台密目网和防坠网张挂应密实、无死角，并绑扎牢靠。

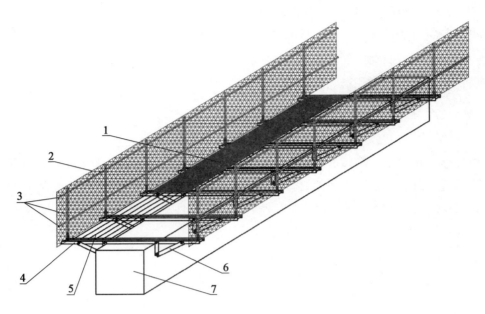

图 4-3 单线梁施工平台示意图

1-木板；2-安全网；3-支架钢管；4-钢梁；5-钢筋；6-固定架；7-承轨梁

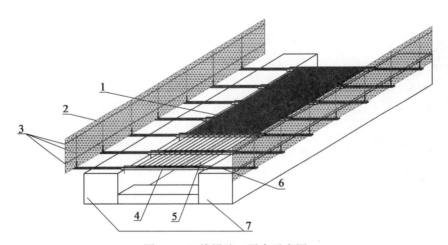

图 4-4 双线梁施工平台示意图

1-木板；2-安全网；3-支架钢管；4-钢梁；5-钢筋；6-槽钢；7-承轨梁

4.9.5 平台使用过程中，应定期检查，及时更换不满足功能要求的构件。

条文说明

施工平台可采用 H 型钢、角钢、钢筋网片等主要钢材通过螺栓连接、焊接等措施连接成有效整体。因此，各个零部件的性能和螺栓以及焊接质量是检查施工平台的重要指标，应严格把控，并定期组织检查。

4.10 道岔安装施工准备

4.10.1 道岔安装施工准备应满足下列要求：
1 施工前应确定道岔运输通道满足车辆运输要求。
2 施工前应调查现场吊装作业空间和作业平台。
3 安装施工前，应认真核对零部件清单。
4 道岔安装前，应做好临时用电准备。

4.11 首件工程评估

4.11.1 施工标段首件工程评估工点，由施工单位根据本标段轨道工程具体情况选定。对影响轨道沉降和安全的重要分部工程，在大面积施工前应组织首件工程评估。

4.11.2 轨道首件工程应为一个连续施工段，道岔首件工程应为一组道岔。首件工程评估宜与工艺试验相结合，其规模应达到作业工班正常施工，各种工况作业均能得到试验，检验批次和检测数据满足统计分析的需要。

4.11.3 轨道首件工程实施与评估流程应符合下列规定：
1 施工标段首件工程评估，由施工单位和监理共同组织，施工单位根据评估结论和意见，组织修改完善施工方案。
2 建设单位首件工程评估，由施工单位向建设单位提出评估申请报告，建设单位组织评估，施工单位根据评估结论和意见，组织修改完善施工组织设计及方案；评估未通过的首件工程，相关单位按照评估意见进行整改后，建设单位重新评估。

4.11.4 轨道首件工程评估内容应包括现场标准化管理以及首件工程的质量检查记录、检验批、资源配置、实体外观质量等。

5 接口工程交接

5.1 一般规定

5.1.1 轨道工程施工前应接收轨道铺设条件评估报告，预测的工后沉降和变形符合设计要求后方可进行轨道工程施工。

5.1.2 轨道工程施工前应与线下工程进行工序交接，并及时复测，确认基础面和相关接口工程质量符合设计及相关要求。

5.2 检查项目

主 控 项 目

5.2.1 路基面、桥面、隧道仰拱回填层或底板的中线、高程、宽度、平整度应符合相关标准规定。
　　检验数量：施工单位全部检查。
　　检验方法：施工单位检查交接资料、复测；监理单位检查交接资料、见证检测。

5.2.2 桥面和低置路基承轨梁上预埋件的规格、材质、位置、数量、状态应符合设计要求。
　　检验数量：施工单位全部检查。
　　检验方法：检查交接资料，查验产品质量证明文件，观察、尺量。

5.2.3 桥面伸缩缝安装应牢固，不得有脱落现象。
　　检验数量：施工单位全部检查。
　　检验方法：观察。

5.2.4 线下工程排水系统应符合设计要求，且排水通畅。
　　检验数量：施工单位全部检查。
　　检验方法：检查交接资料，观察、尺量。

5.2.5 线下结构安装的接地端子应符合设计要求。

检验数量：施工单位全部检查
检验方法：观察。

一 般 项 目

5.2.6 相邻梁端高差不应大于10mm。
检验数量：施工单位全部检查。
检验方法：检查交接资料，采用0.5m水平尺进行检查。

5.2.7 预埋件表面的水泥浆、油渍、锈蚀等应清除干净。
检验数量：施工单位全部检查。
检验方法：观察和锤击检查。

5.2.8 梁面承轨台施工区域表面应按设计要求进行拉毛处理，拉毛纹路应均匀、清晰、整齐。
检验数量：施工单位全部检查。
检验方法：观察。

6 轨道施工控制网

6.1 一般规定

6.1.1 平面控制网应采用工程独立坐标系统，对应线路平纵断面进行投影分带设计，在线路轨面设计高程面上坐标系统的投影长度变形值不宜大于 10mm/km。

条文说明

由于工程测量精度要求高，施工中要求由坐标反算的边长值和现场实测尽量一致，因此应采用工程独立坐标系，把边长投影变形值控制在一定的范围内以满足施工测量的要求。对于个别地段投影长度的变形值大于 10mm/km 的，在施工过程中需进行高斯投影和高程投影改化，使坐标反算值与测量值的互差不大于 10mm/km。

6.1.2 轨道施工控制网由基础平面控制网 CFⅠ、线路平面控制网 CFⅡ、轨排控制网 CFⅢ和高程控制网组成。

条文说明

按控制网分级布网的原则把平面测量控制网分为三级布设，第一级为基础平面控制网，第二级为线路平面控制网，第三级为轨排控制网。为便于规范条文编写，各级控制网采用英文字母和罗马数字来表示：CFⅠ为基础平面控制网，主要为勘测设计、施工、运营维护提供坐标基准；CFⅡ为线路平面控制网，主要为勘测设计和施工提供控制基准；CFⅢ为轨排控制网，主要为轨道提供控制基准，埋设于线路两侧或承轨梁上，每 25m 左右布设一对。为便于 CFⅢ控制网联测，CFⅢ测量前需在线上对 CFⅡ点进行加密测量，线上大致按 300~500m 布设一个点。

6.1.3 施工前，建设单位组织设计单位、施工单位、监理单位进行 CFⅠ、CFⅡ控制测量成果资料和现场桩橛的交接。

条文说明

根据精密工程测量控制网的功能定位，线下精密控制网测量由勘测设计单位负责完成。工程开工后，由建设单位组织设计单位向施工单位进行控制网交桩、技术交底和成果资料移交，监理单位参加。交桩完成后，签署交桩纪要。

6.1.4 轨排控制网CFⅢ测量前，应完成预制梁安装并精调完毕，安装误差应满足设计要求。

6.1.5 CFⅢ控制网测量之前，应搭设安全防护平台。

6.1.6 轨排控制网的布设应符合下列规定：

1 轨道测量定位宜采用轨排控制网CFⅢ方法，条件困难情况下可采用加密基标法。

2 加密基标法：正线加密基桩的间距应根据轨道类型确定，一般5～10m设置一个。加密基桩应设置在轨道中心线上，曲线段应考虑超高影响。

3 CFⅢ轨排基础控制网点应按总体设计单位发布的限界图中轨排基础控制点（CFⅢ标志）位置，沿线路成对布设，纵向间距一般布置为25m左右。同一对点里程差不应大于3m，点位布设高度应大致等高，并低于设计轨顶0.1～0.15m。

4 全站仪在CFⅢ下自由设站，同一测站观测的CFⅢ控制点数不应少于4对。当存在不合格CFⅢ点时，剔除不合格CFⅢ点后，最低点数不应少于6个。测量轨排定位标志时最近距离不应小于8m，最远距离不应大于40m。

6.1.7 施工单位接桩后，应首先进行控制网复测，复测方法和精度标准与设计单位建网时一致。工程建设阶段，施工单位应定期对控制网复测，对控制网完整性和稳定性进行检查，对破坏的控制点进行恢复。

条文说明

由于控制点埋设在线路附近，受施工干扰较大，控制点容易被破坏或受到扰动。因此在施工阶段，施工单位是控制网复测和维护的责任主体，加强对控制点的保护，并定期对控制点进行复测和维护，以保证控制网的精度和完整性。

6.1.8 复测结果满足要求后，原有控制点密度不满足轨道CFⅢ测量要求时，应进行施工控制网加密。施工控制网加密点间距宜为200～400m，平面按四等GPS网或四等导线精度要求施测；加密高程控制测量应起闭于线路水准基点，采用同级扩展的方式按二等水准测量要求施测。

6.1.9 轨排控制网CFⅢ平面测量应采用自由测站边角交会法，并在线下竣工且通过沉降变形评估后施测。

条文说明

CFⅢ控制网精度要求高，是轨道铺设、精调以及运营维护的基准。为了保证在轨道的铺设、精调以及运营维护阶段有一个安全、可靠、稳定的控制基准，因此要求CFⅢ控制网应在通过沉降和变形评估后施测。

6.1.10 轨排控制网CFⅢ测量成果应委托第三方进行评估，并出具评估报告。

6.2 技术标准

6.2.1 各级平面控制网的精度指标应符合表6.2.1-1～表6.2.1-3的规定。

表6.2.1-1 CFⅠ、CFⅡ控制网GPS测量精度指标

控制网类型	测量等级	固定误差 a（mm）	比例误差 b（mm/km）	基线边方向中误差（″）	约束平差后最弱边边长相对中误差
CFⅠ	二等	5	1	1.3	1/180 000
CFⅡ	三等	5	1	1.7	1/100 000

表6.2.1-2 轨排控制网CFⅢ平面测量精度指标

控制网名称	测量方法	方向观测中误差（″）	距离观测中误差（mm）	相邻点的相对点位中误差（mm）
CFⅢ平面网	自由测站边角交会/导线	1.8	1.0	1.0

表6.2.1-3 导线测量施工加密控制网精度指标

控制网级别	附合长度（km）	边长（m）	测距相对中误差	测角中误差（″）	导线全长相对闭合差限差	方位角闭合差限差（″）
四等	$L \leq 5$	400～600	1/80 000	2.5	1/4 000	$\pm 5\sqrt{n}$

注：表中 n 为测站数。

条文说明

各级平面控制网的精度指标依据《高速铁路工程测量规范》（TB 10601—2009）要求制定。

6.2.2 平面测量水平方向采用全圆方向观测法。全圆方向观测法应符合表6.2.2的规定。

表6.2.2 平面水平方向观测技术要求

控制网名称	仪器等级（″）	测回数	半测回归零差（″）	不同测回同一方向2C互差（″）	同一方向归零后方向值较差（″）
CFⅢ平面网	0.5	3	6	9	6
	1	4	6	9	6

6.2.3 轨排基础控制网距离测量应符合表 6.2.3 的规定。

表 6.2.3 平面距离观测技术要求

控制网名称	测 回	半测回间距离较差（mm）	测回间距离较差（mm）
CFⅢ平面网	≥3	±1	±1

注：1 距离测量一测回是全站仪盘左、盘右各测量一次的过程。
  2 当外业观测的水平方向和距离的技术要求不满足以上技术要求时，该测站外业观测值重测。

6.2.4 各级高程控制网的精度指标应符合表 6.2.4 的规定。

表 6.2.4 高程控制网的技术要求

水准测量等级	每千米水准测量偶然中误差 M_Δ（mm）	每千米水准测量全中误差 M_W（mm）	附合水准路线长度（km）	限 差（mm）		
				往返测不符值	检测已测段高差之差	附合路线或环线闭合差
二等	1.0	2.0	400	$\pm 4\sqrt{K}$	$\pm 4\sqrt{R_i}$	$\pm 4\sqrt{L}$
精密水准	2.0	4.0	3	$\pm 8\sqrt{K}$	$\pm 8\sqrt{R_i}$	$\pm 8\sqrt{L}$
三等	3.0	6.0	150	$\pm 12\sqrt{K}$	$\pm 12\sqrt{R_i}$	$\pm 12\sqrt{L}$

注：K 为测段水准路线长度，单位 km；L 为水准路线长度，单位 km；R_i 为检测测段长度，单位 km。

条文说明

各级高程控制网的精度指标依据现行《国家一、二等水准测量规范》（GB/T 12897）和《高速铁路工程测量规范》（TB 10601—2009）要求制定。精密水准是根据线上工程测量需要，介于二等水准和三等水准测量精度的一个等级，专用于CFⅢ高程测量。

6.2.5 CFⅢ轨排基础控制网点的布设应符合下列规定：

1 CFⅢ点应设置在稳固、可靠、不易破坏和便于测量的地方，应具备防冻、防沉降、防震动和抗移动等功能。

2 轨排控制网点应设置在简支梁固定端，连续梁应按距离要求埋设，路基段应埋设于承轨梁中部。

3 同一对点里程差不应大于3m，点位应低于设计轨顶0.1～0.15m。

4 CFⅢ桩位应预埋杆件套筒，套筒的埋设应符合下列规定：

1）套筒埋设时应清孔干净并保证水平；
2）预埋孔应稳固，不可晃动；预埋孔内应无异物，防尘盖应完好有效；
3）预埋孔长期不用时，应定期检查防尘效果并及时更换破损或加装丢失的防尘盖；
4）CFⅢ棱镜组件安装精度要求应符合表 6.2.5 的规定。

表 6.2.5 CFⅢ棱镜组件安装精度要求

CFⅢ标志	重复性安装误差（mm）	互换性安装误差（mm）
X	0.4	0.4
Y	0.4	0.4
H	0.2	0.2

6.2.6 CFⅢ点编号规则及点号标注应符合下列规定：

1 CFⅢ点按照公里数递增进行编号，其编号反映里程数。位于线路里程增大方向左侧的控制点编号为奇数，位于线路里程增大方向右侧的控制点编号为偶数。控制点编号统一为六位数。

2 CFⅢ点编号应标注清晰，明显地标在CFⅢ立柱上，同一路段点号标志高度应统一。

3 磁浮轨道CFⅢ点宜设置于两轨枕之间，且低于设计轨顶0.1~0.15m。

条文说明

本条第1、2款以图6-1为例：点号标志字号采用统一规格字模，字高为6cm的正楷字体刻绘，并采用白色油漆抹底，红色油漆喷写点编号。点号铭牌白色抹底规格为40cm×30cm，红色油漆应注明工程线名简称、轨道基础控制点编号、"严禁破坏"，每行居中排列，严禁采用手写标识。图中控制点编号014G15："0"代表冠号，"14"代表公里数，"G"代表轨道基础控制点，"15"代表该里程范围内的第15号点。

图6-1 轨道基础控制点编号示意图

本条第3款中低速磁浮轨道CFⅢ点布置可参考图6-2。

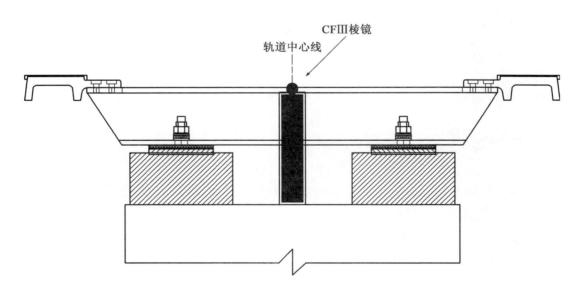

图6-2 中低速磁浮桥梁端CFⅢ标志布置图

6.2.7 CFⅢ平面网测量仪器应采用1″级以上精度,具备自动照准和数据记录功能的智能全站仪,方向测量中误差不大于1″,测距中误差不大于$1mm + 2 \times 10^{-6}D$(D为测距)。

6.2.8 CFⅢ控制网平面测量与数据处理应符合下列规定:

1 CFⅢ控制网平面测量主要技术要求应符合表6.2.8-1的规定。

表6.2.8-1 CFⅢ控制网平面测量主要技术要求

控制网名称	测量方法	方向观测中误差(″)	距离观测中误差(mm)	相邻点的相对中误差(mm)
CFⅢ平面网	自由测站边角交会	±1.8	±1.0	±1.0

2 CFⅢ平面自由网平差后应符合表6.2.8-2的规定。

表6.2.8-2 CFⅢ平面自由网平差后方向和距离改正数限差

控制网名称	方向改正数(″)	距离改正数(mm)
CFⅢ平面网	±3	±2

3 CFⅢ平面网约束平差后的精度,应符合表6.2.8-3的规定。

表6.2.8-3 CFⅢ平面约束网平差后的主要技术要求

控制网名称	与起算点联测 方向改正数(″)	与起算点联测 距离改正数(mm)	轨道基础控制点联测 方向改正数(″)	轨道基础控制点联测 距离改正数(mm)	方向观测中误差(″)	距离观测中误差(mm)	点位中误差(mm)	相邻点相对点位中误差(mm)
CFⅢ平面网	±4.0	±4	±3.0	±2	±1.8	±1	3	±1

4 CFⅢ平差计算取位应符合表6.2.8-4的规定。

表6.2.8-4 CFⅢ平差计算取位

控制网名称	水平方向观测值(″)	水平距离观测值(mm)	方向改正数(″)	距离改正数(mm)	点位中误差(mm)	坐标、高程(mm)
轨排基础控制网	0.1	0.1	0.01	0.01	0.01	0.1

5 CFⅢ平面测量区段长度不宜小于4km,区段与区段之间重叠点不应少于6对,重叠的坐标较差应不大于3mm。

6.2.9 CFⅢ网高程测量应符合下列规定:

1 CFⅢ控制点水准测量应附合或闭合于线路水准基点,按精密水准测量技术要求施测,水准路线附合长度不宜大2km。

2 CFⅢ水准网与线路水准基点联测时,按精密水准测量要求进行往返观测。

3 CFⅢ高程控制网精密水准测量应满足以下主要技术要求:

1)精密水准测量精度应符合表6.2.9-1的规定;

表 6.2.9-1 精密水准测量精度要求

水准测量等级	每千米水准测量偶然中误差 M_Δ（mm）	每千米水准测量全中误差 M_W（mm）	限差（mm）			
			线路方向CFⅢ点对高差之差	往返测不符值	附合路线或环线闭合差	左右路线高差不符值
精密水准	≤2.0	≤4.0	$8\sqrt{L}$	$8\sqrt{L}$	$8\sqrt{L}$	$4\sqrt{L}$

注：表中 L 为往返测段、附合或环线的水准路线长度，单位 km。

2）精密水准测量的主要技术标准应符合表 6.2.9-2 的规定；

表 6.2.9-2 精密水准测量的主要技术标准

等级	每千米高差全中误差（mm）	路线长度（km）	水准仪等级	水准尺	观测次数		往返较差或闭合差（mm）
					与已知点联测	附合或环线	
精密水准	4	2	DS1	因瓦	往返	往返	$8\sqrt{L}$

注：1 节点之间或节点与高级点之间，其路线的长度，不应大于表中规定的 0.7 倍。
　　2 L 为往返测段、附合或环线的水准路线长度，单位 km。

3）精密水准观测应符合表 6.2.9-3 的规定；

表 6.2.9-3 精密水准观测主要技术要求

等级	水准尺类型	水准仪等级	视距（m）	前后视距差（m）	测段的前后视距累积差（m）	视线高度（m）
精密水准	因瓦	DS1	≤60	≤2.0	≤4.0	下丝读数≥0.3
		DS05	≤65			

注：DS05 表示每千米水准测量高差中误差为 ±0.5mm。

4）CFⅢ控制点水准测量应对相邻 4 个 CFⅢ点构成的水准闭合环进行环闭合差检核，相邻 CFⅢ点的水准环闭合差不得大于 1mm。

4 CFⅢ高程网外业观测成果的质量评定与检核内容应包括：测站数据检核、水准路线数据检核。CFⅢ高程内业数据处理应符合下列规定：

1）当 CFⅢ水准网的环数超过 20 个时，应进行每千米水准测量的高差全中误差的计算；

2）CFⅢ高程网水准测量的外业观测数据全部合格后，方可进行内业平差计算；

3）CFⅢ高程网采用联测的稳定线路水准基点的高程作为起算数据进行固定数据平差计算；

4）CFⅢ高程测量区段长度不宜小于 4km，区段与区段之间重叠点不应少于 6 对，重叠的高程较差应不大于 3mm。

6.2.10 提交的成果资料应包含如下内容：

1 技术方案设计书。

2 平面控制网联测示意图。

3 平面外业观测原始数据和记录手簿。

4 平面控制网平差计算手簿。

5 平面控制网成果（平面、高程）表。

6 水准路线示意图。

7 水准外业观测的原始数据文件电子文本。

8 测段高差统计表、水准路线闭合差统计表。

9 仪器检定资料。

10 CFⅢ标志检查记录。

11 测量技术总结报告，包括：

1）任务依据、技术标准；

2）测量日期、作业方法、人员、设备情况；

3）CFⅢ测量外业作业过程及内业数据处理方法、软件等；

4）CFⅢ控制网测量精度统计分析，包括：自由网平差距离及方向改正数统计分析，约束网平差距离及方向改正数统计分析，约束网平差相邻CFⅢ点相对精度统计分析，自由网和约束网平差后的验后单位权中误差统计分析，水准测量测段间往返测较差、附合水准路线及环高差闭合差、水准路线每千米高差偶然中误差统计；

5）需说明的其他问题。

7 轨排与道岔监造

7.1 一般规定

7.1.1 轨排及道岔加工制造应采用成熟、先进的技术和施工工艺，同时兼顾经济性。

7.1.2 轨排及道岔应按照规定程序批准的设计图样和技术条件制造和验收。图纸及设计文件未规定的尺寸公差、线性和角度尺寸的公差等级应符合现行《一般公差、未注公差的线性和角度尺寸的公差》（GB/T 1804—2000）中 C 级规定，形位公差的未注公差等级应符合现行《形状和位置公差 未注公差值》（GB/T 1184—1996）中 K 级规定。

7.1.3 轨排及道岔外购件应均有产品质量合格证，涉及运行安全的重要组件按有关标准进行检验和试验。

7.1.4 轨排和道岔组装宜在厂内集中进行，检验合格后运至现场安装。现场组装时，应具备工厂化的轨排组装基地。

7.2 轨排监造

7.2.1 轨排监造应符合下列规定：
1 驻厂监造人员应在轨排制造过程中对零部件加工及轨排组装进行监督。
2 驻厂监造人员应依据设计及规范要求对轨排供应单位自检合格后的零部件和轨排进行验收，并填写验收记录表。
3 驻厂监造人员应监督供应单位做好轨排的成品保护。
4 轨排出厂前，驻厂监造人员应检查产品质量合格证与过程验收签字记录，同轨排一并发货。

7.2.2 轨排零部件加工质量监造应符合下列规定：
1 轨排零部件包括 F 型钢、铝感应板、钢轨枕、连接螺栓等。
2 轨排各零部件的加工、打磨、结构尺寸、涂装等工艺应满足设计文件的要求。

3 各部件加工工序应进行检测和抽查，抽查频率和要求应满足设计文件的要求。

4 验收合格的产品及时填写验收记录表。具体表格可参考附录 C.1~C.5。

7.2.3 轨排组装质量监造应符合下列规定：

1 轨排组装平台技术要求应符合下列规定：

1）组装平台应满足轨排的磁极面的共面度调整、轨距调整、感应板的敷设、线形的检测、结构尺寸的检测等作业需求；

2）组装平台使用前应进行测量定位。使用过程中每周至少复测一次，并做好复测记录，发现问题应及时调整。

2 单组轨排组装尺寸极限偏差应符合表 7.2.3 的规定。

表 7.2.3 单组轨排组装尺寸极限偏差

序号	检查项目	容许偏差（mm）
1	轨距	±1
2	两 F 型导轨对角线长度	≤2
3	相邻两轨枕间距	±2
4	同一横截面四磁极面共面度	≤1
5	F 型导轨端部滑行面键槽间距	≤0.4
6	轨排长度方向任意 4m 线形偏差	（弦高）≤1.5

3 轨排组装应符合下列规定：

1）所有零件制造质量应符合设计要求；

2）两 F 型导轨磁极面坐落在高精度组装平台水平面上，依据线形设定的定位装置和 F 型导轨线形调整装置，通过 F 型导轨横向中心轴线定位和两 F 型导轨端部槽定距；

3）高强度螺栓初拧后检查同一横截面四磁极面共面度，无误后进行终拧，拧掉螺栓尾部梅花头。

4 轨排组装检验应符合下列规定：

1）扭剪型高强度螺栓由制造厂按批提供出厂质量保证书，使用前按出厂批复验；

2）轨排组装检验分为两个部分：第一部分为各线形组装平台的各支撑平面度、各线形定位点、轨距、中间轨枕位置的垂直度等；第二部分为批量轨排组装检测直接依据组装平台所确定的各定位点、支撑平面、两端槽距定位，通过简单的测量进行；

3）轨排组装质量可参考附录 C.6 记录。

7.2.4 轨排的铭牌及包装验收应符合下列规定：

1 轨排的铭牌设置应符合设计要求。

2 F 型导轨感应面在包装时应注意成品保护，且轨排与轨排之间应设置限位装置。包装后应整体吊装装卸。

条文说明

本条第 1 款铭牌具体尺寸及安装部位应按设计要求设置，铭牌应显示工程名称、产品名称、规格型号、轨排编号、轨排长度、里程、制造厂家、制造日期等内容，并按设计要求固定于轨排显眼位置，确保后期能够及时查看。

7.3 道岔监造

7.3.1 道岔制造厂应对产品零部件依据设计图纸及相关技术条件进行检验，并在工厂内预组装，并应符合下列规定：

1 道岔主要构件的钢结构材料应符合现行《碳素结构钢》（GB/T 700）的规定，或现行《低合金高强度结构钢》（GB/T 1591）的规定。

2 所有材料和外购件均应有供货单位提供的符合国家现行标准的质量证明书（质量合格证）。制造单位使用前应进行机械性能和化学成分的复验，复验合格后方可使用。

3 焊缝外部检查不应有目测可见的明显缺陷，焊缝外部缺陷应符合现行《金属熔化焊接头缺欠分类及说明》（GB/T 6417.1）的规定。

4 主要受力结构（道岔梁、台车横梁、铰轴连杆等）应按设计要求对焊缝进行无损检测，并提供相应的检测报告。

5 道岔梁制造应符合《铁路钢桥制造规范》（Q/CR 9211—2015）的规定。

7.3.2 道岔外观、涂装防腐应符合下列规定：

1 道岔外观无裂纹，各部分螺钉无松动、锁定牢靠。

2 道岔表面应进行防腐处理，涂层外观应平整、色泽一致，面漆颜色应与标准色卡一致，无气泡、裂纹、漏漆、针孔、脱皮，无严重流挂和橘皮等缺陷。

3 重要金属结构件的材料在涂装前应进行表面喷（抛）丸除锈处理，应达到《涂覆涂料前钢材表面处理 表面清洁度的目视评定 第 1 部分：未涂覆过的钢材表面和全面清除原有涂层后的钢材表面的锈蚀等级和处理等级》（GB/T 8923.1—2011）规定的 Sa2.5 除锈等级，其他结构件应达到 Sa2 或 St3 的除锈等级。

4 道岔的防腐涂层在运输和安装过程中如有损伤应及时进行修补。

5 防腐涂层厚度的检测应在涂层干燥后进行，满足设计文件要求。

7.3.3 道岔的厂内预组装精度控制要求除应满足《中低速磁浮交通道岔系统设备技术条件》（CJ/T 412—2012）外，还应满足以下要求：

1 道岔梁跨度 L 的极限偏差 ΔL 应符合下列规定：

1）当跨度 $L \leq 10m$ 时，$\Delta L = \pm 3mm$；

2）当跨度 $L > 10m$ 时，$\Delta L = \pm 5mm$。

2 同一台车架下的车轮位置度公差不应大于 1mm，在同一横梁下不同台车组的车轮位置度公差不应大于 3mm，如图 7.3.3-1 所示。

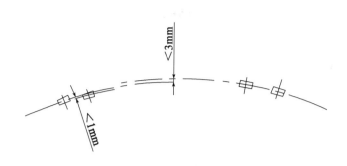

图 7.3.3-1　车轮位置度公差示意图

3　道岔线形应满足设计要求。

4　相邻两段 F 型导轨在直线位的间隙 L 不应大于 40mm。道岔转到侧线位时，F 型导轨的最大间隙 L 不应大于 55mm，最小间隙不应小于 2mm。轨距极限偏差 $\Delta S \leqslant \pm 1$mm。相邻导轨位置关系如图 7.3.3-2 所示。

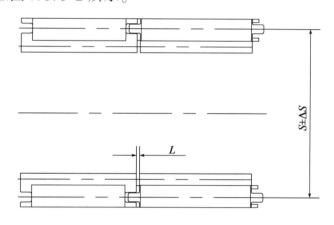

图 7.3.3-2　相邻导轨位置关系图

5　相邻导轨接头处的外侧线错位应小于 1mm，如图 7.3.3-3 所示。

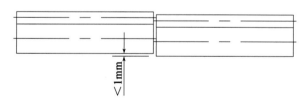

图 7.3.3-3　相邻导轨接头处的外侧线错位示意图

6　相邻 F 型导轨接头磁极面的高低差 S 应小于 0.5mm，同一截面 F 型导轨磁极面高低差 S_1 应小于 1.5mm，如图 7.3.3-4 所示。

7　供电轨安装板纵向间距极限偏差为 ±2mm，极限累积误差为 ±5mm；同截面两侧座板纵向距离容许误差为 ±4mm。

8　主动梁端头最大转辙距应为 2 900mm ± 1.5mm。

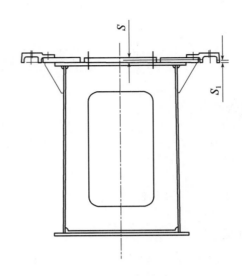

图 7.3.3-4　F 型导轨磁极面高低示意图

9 完成相邻岔位转辙和锁定全过程时间不应大于 15s，三开道岔从一个侧向位转辙到另一侧向位的动作时间全程不应大于 25s。

7.3.4 电气控制系统应符合下列规定：

1 道岔控制系统应符合现行《铁路信号故障——安全原则》（TB/T 2615）的规定，道岔控制电路中所使用的电器应符合现行《铁路信号 AX 系列继电器》（GB/T 7417）的规定。

2 道岔控制电路中有关道岔位置表示电路应符合现行《继电式电气集中联锁技术条件》（TB/T 1774）的规定。

条文说明

第 7.3.1 条~第 7.3.4 条参照《中低速磁浮交通道岔系统设备技术条件》（CJ/T 412—2012）、《中低速磁浮交通设计规范》（CJJ/T 262—2017）提出。

8 轨道安装

8.1 一般规定

8.1.1 轨道应以轨排为单元进行铺装,铺装前应具备下列条件:
1 设计文件齐全,图纸经过会审。
2 轨道安装、CFⅢ测量、轨道工程安全等专项施工方案,已审批并完成技术交底。
3 线下结构验收合格并完成交接。
4 轨道测量控制网CFⅢ已测设完成或铺轨基标敷设完毕。
5 施工区段内供电、供水、照明和场地条件满足要求。
6 施工机具齐备并已完成检查调试。

8.1.2 轨排运输与吊装应制订专项施工方案,应包含保证施工安全、轨排几何形状稳定及避免表面损伤等措施。

8.1.3 轨排运输至轨排基地后,应通过检测平台对轨排进行抽检,进场的直线轨排按10%的频次进行验收,曲线轨按20%的频次进行验收。对不符合验收标准的轨排,应对该批次进行加密抽检,抽检仍不合格,应逐个检查,并对不合格轨排进行返厂处理。

8.1.4 轨道的轨距、平面位置、高程、曲线超高应符合设计要求。

8.1.5 轨道施工完成后,应进行线路贯通复测,并按高程敷设线路标志。

8.1.6 轨道备品备件材料应按设计备存。备件材料应保持完整性,并存放在规定位置,在工程验收时一并移交。

8.1.7 轨道外购件均应有产品质量合格证,涉及运行安全的重要组件按有关标准进行检验和试验。

8.2 轨道施工工艺流程

8.2.1 轨道施工应按图 8.2.1 所示工艺流程进行。

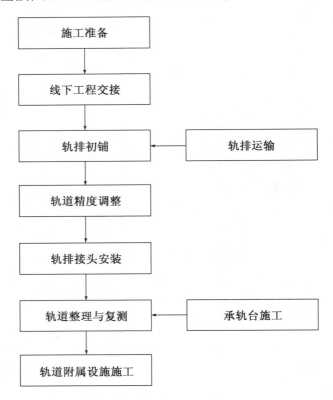

图 8.2.1 中低速磁浮轨道施工工艺流程图

8.3 轨排运输

8.3.1 轨排吊具的刚度应满足轨排吊装要求，宜采用钢结构吊具。吊装时，应设置防晃绳索，保证平稳起落，防止碰触感应板。

条文说明

为使轨排组装的各项精度满足设计要求，避免因吊装导致内部尺寸发生改变，采用专用吊具。吊具满足轨排起吊过程中保持水平，且吊点的间距保证轨排中部不发生过大挠度。一般设置 3 对共 6 个吊点，吊点间距为 3~4m。轨排吊装相关技术要求可参照《中低速磁浮交通轨排通用技术条件》（CJ/T 413—2012）。可采用作用于轨枕的吊具或作用于 F 型导轨的吊具。由于作用于轨枕的吊具尺寸固定，特殊情况下轨枕间距不一致时不可使用，宜采用作用于 F 型导轨的吊具。作用于 F 型导轨的吊具示意图如图 8-1 所示。

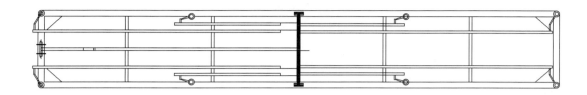

图 8-1　作用于 F 型导轨的吊具示意图

8.3.2　轨排应采用专用车辆及轨排支架运输，运输过程中应捆绑牢靠防止轨排变形，严禁导轨及感应板承受外力，并应符合下列规定：

1　短途运输轨排悬挑长度应小于 2.8m，捆绑数量不少于 3 道。

2　轨排运输叠放不应超过 6 层。

8.4　轨排初铺

8.4.1　轨排初铺作业应按图 8.4.1 所示流程进行。

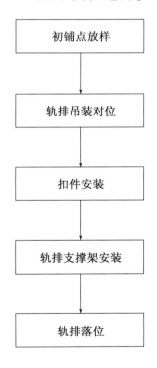

图 8.4.1　轨排初铺作业流程图

8.4.2　轨排吊装对位应符合下列规定：

1　吊装前应核对轨排编号、里程、左右线、长度等参数。

2　落轨期间应适时调整轨排位置，宜设置限位装置，确保对位精度，对位横向误差不宜大于 20mm，纵向误差不宜大于 10mm。

3 临时支撑应按轨枕位置在轨排吊装前完成布设，间距不宜大于 3m，并确保稳定、牢靠。

条文说明

本条第 2 款轨排在吊装过程中由于吊具顶端悬挂绳索，并处于高架区域，轨排吊起后容易晃动，人工对位难度极大。在轨排完全落稳之前应不断进行轨排位置的调整，以满足初铺的对位精度。宜设置限位装置限制轨排移动，帮助轨排快速对位。

8.4.3 扣件安装应符合下列规定：
1 扣件安装位置、构件布置应符合设计要求。
2 扣件安装前应对其强度、扣压力、抗拔力、弹性、防腐性能进行检测，合格后方可投入使用。
3 扣件螺栓在扣件系统各部件组装好后拧紧，拧紧力矩应达到设计值。

8.4.4 轨排支撑架安装应符合下列规定：
1 轨排支撑架应与承轨梁、支撑柱等构件连接牢固。
2 轨排支撑架的数量应根据轨排长度、线形等参数确定，间距不宜大于 3m。
3 轨排支撑架的摆放不应影响承轨台模板的安装。
4 轨排支撑架安装之前应保持千斤顶处于水平状态。
5 轨排支撑架安装时应采取有效措施，防止损伤轨排。
6 轨排支撑架安装完成后，应在轨排端头轨枕下设置千斤顶。

条文说明

本条第 1、2 款轨排在浇筑承轨台之前需要进行精调，需要通过轨道支撑架支撑轨道，并利用支撑架调整轨道的实时形态，以满足设计的精度要求。支撑架应与下部基础承轨梁、简支梁有效固定，确保轨道在精调过程中支撑架位置不发生移动或倾斜。支撑架能够满足轨道的横向及高程的调整需要，用以满足不同线路状态下的轨道线形调整。另外，轨道支撑架安装考虑轨排的纵向挠度，设置间距不宜大于 3m，否则轨道内部尺寸发生改变，不利于轨道调整。

本条第 3~5 款轨道支撑架安装于 F 型导轨下方，在安装和拆除过程中要特别注意保护轨排，避免轨道支撑架操作不当使得轨排发生损伤。另外，考虑轨道施工的工序衔接，支撑架安装的位置不得占用承轨台浇筑立模的空间，以免后期工序发生冲突。支撑架示意图如图 8-2 所示。

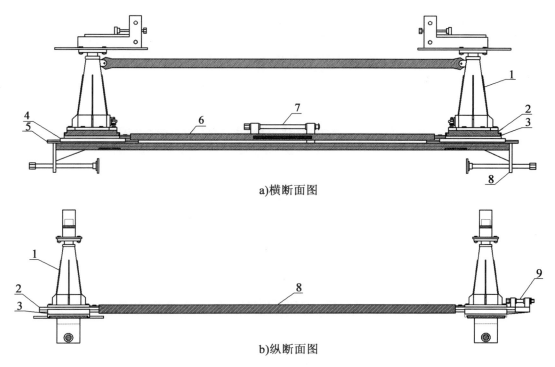

图 8-2 支撑架示意图

1-千斤顶；2-纵向滑床板；3-纵向滑槽；4-横向滑床板；5-横向滑槽；6-横移连杆；7-横移螺栓；8-纵移连杆；9-纵移螺栓

8.4.5 轨排落位应符合下列规定：

1 轨排应在支撑架安装好以后用起道机顶起。起道机应对称布置，起落速度应协调一致。

2 轨排升起后，撤除临时支撑，缓慢落下轨排。

3 轨排落位应保持轨排平稳，并用垂线检查轨排的对位情况。

8.5 轨道精度调整

8.5.1 轨道精调宜采用全站仪自由设站方法进行测设，自由设站观测的 CFⅢ 控制点不宜少于 3 对。更换测站后，相邻测站重复观测的 CFⅢ 控制点不宜少于 1 对。

8.5.2 自由设站点的精度应满足表 8.5.2 的要求。

表 8.5.2　自由设站精度检查要求

X	Y	H	方　　向
≤1mm	≤1mm	≤1mm	≤1″

8.5.3 轨道精调前应选取有代表性的区段进行测量工艺性试验，确定测量频次、点位布置、工装研发与调试等相关参数。

8.5.4 轨道粗调应符合下列规定：
1 轨道落位后，可在全站仪自由设站测量的辅助下，用人工配合支撑架调整轨道的线形状态。
2 轨排空间位置的调整应按纵向、横向、高程的顺序进行，且在调整的轨排前后至少搭接2榀轨排。
3 调整完成后，应采用弦线，按高程、横向、是否错台的顺序检查轨道的平顺性。

条文说明

本条第1款轨道精度调整是通过全站仪测量轨道的实时形态，并将采集的数据进行对比分析，然后利用支撑架轻微调整轨道的横向与竖向位置，使得轨道线形能够满足设计要求。而支撑架横向移动是通过人工转动螺栓顶移轨道实现的；支撑架竖向移动是通过人工扳动千斤顶，利用千斤顶顶起或降落轨排。

本条第2款轨道在测量时考虑轨道的顺接，不仅要测量需要调整的轨排，还应保证该段轨排与已经浇筑完好的轨道和将要调整的轨道顺接良好。不仅要在局部保证轨道的顺接性，还要保证整体的轨道顺接。因此在测量精调过程中应前后搭接至少2榀轨排进行调整。

8.5.5 轨道精调应符合下列规定：
1 精调应在设计锁定轨温规定的温度变化范围内进行。
2 调整前应利用棱镜配合全站仪采集轨道实时状态，在数据处理、误差对比的基础上制订调整计划。
3 全站仪测量精调时前后需搭接测量25～50m的距离。全站仪测量的棱镜点位间距一般控制在3～4m，曲线地段间距可缩短到2～3m。棱镜点位宜靠近支撑架。
4 误差较大的点位优先调整，其他点位按纵向、横向、高程的顺序调整。
5 全站仪调整完成后，利用弦线复核轨道线形，曲线应检查正矢。
6 调整好的轨排应妥善保护，不得踩踏。
7 平曲线和竖曲线地段应加密测量，并应增加轨排支撑架数量和测量频次。
8 测量数据应有详细记录。

条文说明

本条第2款棱镜采用专用棱镜，并通过专用测量软件对比实测数据与设计计算数据之间的误差，从而提供各个点的调整量。根据点位的误差分析，制订相应的调整计划，确保轨道平顺。

本条第7款曲线地段考虑线形状态变化较大，尤其缓和曲线段，每个断面状态均在改变，因此为了提高精度，曲线段应增加支撑架数量和测量的次数，保证各个曲线线形能够精调到位。

8.6 轨排接头安装

8.6.1 两榀轨排之间应设置轨排接头，轨排接头安装前应进行检查验收，验收标准应符合设计要求。

8.6.2 轨排接头应结合轨排铺设同步安装。

8.6.3 轨排安装调试完成后，应及时紧固连接板、活动板的螺栓，拧紧力矩应达到设计要求，拉弦线检查接头位置应符合本章后叙表 8.10.2-1 的要求。

8.6.4 轨排连接板安装完成后，应及时安装连接键，并按设计要求将连接键的一端与轨排焊接，焊接质量应符合设计要求。

条文说明

由于磁浮交通系统的轨道处有很大的磁吸附力，每榀轨排的连接键都要进行焊接，以牢固固定连接键，防止车辆通过时出现事故。

8.6.5 F 型导轨的接地连接线应符合设计要求。

8.6.6 连接螺栓沉孔应采用聚氨酯密封胶密封，其顶面不应超出滑橇支撑面。

条文说明

滑橇支撑面示意图如图 8-3 所示。

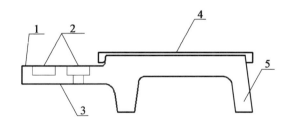

图 8-3　滑橇支撑面示意图
1-滑橇支撑面；2-连接螺栓；3-安装面；4-感应板；5-F 型钢

8.6.7 曲线轨排接头应区分接头内侧和外侧，并正确安装。

8.6.8 安装轨排接头时的轨温应满足设计要求。

8.6.9 轨排接头竖向、横向错台容许偏差为±1mm。

8.7 承轨台施工

8.7.1 承轨台施工应按图8.7.1所示流程进行。

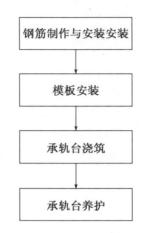

图8.7.1 承轨台施工流程图

8.7.2 钢筋制作与安装应符合下列规定：
1 梁面预埋钢筋表面的油渍、漆污、水泥浆、浮皮、铁锈等均应清除干净，钢筋应平直、无折曲。
2 钢筋加工的容许偏差不应超过本章后叙表8.10.4-2的规定。
3 曲线地段上下层钢筋间距应根据超高角和扣件锚固螺栓的位置进行调整，钢筋安装的容许偏差应符合本章后叙表8.10.4-3的规定。

8.7.3 模板安装应符合下列规定：
1 承轨台模板宜选用轻质、定型材料加工。
2 曲线超高部分，可采用顶面加高的方式配置模板。
3 模板拼装应密贴、无缝、不漏浆，浇筑前应清理并涂刷脱模剂。
4 模板经验收合格后方可使用，各部容许偏差应符合本章后叙表8.10.4-1的规定。

条文说明

模板边框宽度可采用10mm×50mm，通肋宽度采用30mm，背楞宽度采用30mm，连接螺栓采用M12×30标准螺栓。模板材料可采用丙烯腈-丁二烯-苯乙烯共聚物（ABS材质），根据承轨台结构尺寸可指定专业厂家制作加工。示意图如图8-4和图8-5所示。

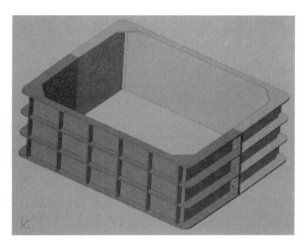

图 8-4　对拼模板效果图

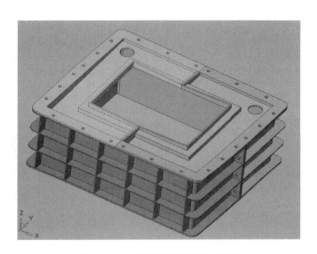

图 8-5　曲线超高段模板效果图

8.7.4　承轨台浇筑应符合下列规定：

1　承轨台浇筑应在设计锁定轨温规定的温度变化范围内一次性完成。
2　扣件应在承轨台浇筑前进行遮盖，浇筑过程中不得损伤和移动轨排。
3　承轨台表面应抹面整平，平整度偏差不应大于3mm，高程偏差应在 $-5\sim0$mm 之间。
4　浇筑过程中要及时清理轨排上的混凝土，保证轨排清洁。
5　混凝土达到设计强度后方可拆除模板及支撑架。
6　承轨台表面应密实、平整、颜色均匀。

条文说明

本条第1款由于锁轨温度条件制约，精调完成后时间越长，轨排的线形状态改变的可能性越大，因此轨道在精调完成后需尽快组织浇筑，并一次性浇筑完成，避免二次精调影响轨道整体线形。

8.7.5 承轨台养护应采用合格的拌和用水，水温与混凝土表面温差不应大于 15 ℃。

8.8 轨道整理与复测

8.8.1 轨道整理应在承轨台浇筑完成后，利用全站仪对精调完成的轨排高程数据进行最后的复测采集，将复测采集的数据进行处理，计算轨道需要调整的数值，通过扣件系统调整高程和方向。

8.8.2 特殊地段轨道整理无法采用全站仪复测时，可采用拉弦线的方式对检测的数据进行分析，根据计算出的短波调整值在相应轨排上做好标记。按照每次最多松开 3 根轨枕的扣件螺母进行调整。调整方式为利用小型千斤顶顶起轨枕，通过扣件系统调整高程和方向。

8.8.3 Ⅱ型、Ⅲ型轨排接头复测应符合下列规定：
1 现场复测宜采用弦线测量法进行检查。
2 首先应检测接头两侧长轨排的线形状态，满足要求后方可搭接两侧长轨排检测接头的线形。
3 检测出的接头数据，应以井字形轨枕的数据偏差作为首要调整依据。副 F 型钢及长轨枕的轨排偏差也可通过调整井字形轨枕综合进行调整。
4 以相邻轨道为基准线，应使其与悬浮检测面基准的偏差控制在 ±0.5mm 以内。
5 对超差情况，应先将井字形固定部分调整到位，再调整其他短轨。
6 调整时，应保证上下搭接 F 型导轨接触面的平整度。

8.9 轨道附属设施施工

8.9.1 车挡预埋件的埋设位置、标志样式、标志中心与轨面间距均应满足设计要求。车挡基础安装应由设备厂家配合施工，并安装牢固。

8.9.2 线路及信号标志应在轨道安装完成后按设计要求设置。

8.9.3 轨道防雷接地应符合设计要求。

8.10 轨道安装质量验收

8.10.1 扣件安装施工质量验收应符合下列规定：
主 控 项 目
1 扣件系统的结构尺寸和安装位置应符合设计要求。

检验数量：施工单位、监理单位全部检查。

检验方法：尺量和观察。

2 扣件的涂装质量应符合设计要求。

检验数量：施工单位、监理单位全部检查。

检验方法：观察。

3 扣件的连接应牢固可靠。

检验数量：施工单位、监理单位全部检查。

检验方法：观察。

一 般 项 目

4 扣件安装的容许偏差和检验方法应符合表8.10.1的规定。

表8.10.1 扣件安装容许偏差和检验方法

序号	项 目		容许偏差	检验方法
1	锚固螺栓	偏离预留孔中心	2 mm	尺量检查
2		与钢枕垂直度	2°	尺量检查
3		锚固螺栓底高出承轨台底面距离	10~20mm	尺量检查
4	扣件调整方向	垂向	±1mm	尺量检查
5		横向	±3mm	尺量检查

检验数量：施工单位全部检查，监理单位抽检10%。

5 扣件连接螺栓及轨端连接螺栓扭矩应符合设计要求。

8.10.2 轨道铺设施工质量验收应符合下列规定：

主 控 项 目

1 轨排安装的静态平顺度应符合表8.10.2-1的规定。

表8.10.2-1 轨道安装静态平顺度容许偏差和检验方法

序 号	项 目	容许偏差	检验方法
1	轨距	±3mm	专用工具量测
2	水平	±3mm	专用工具或弦线
3	磁极面共面度	±1mm	靠尺和塞尺检查
4	高低	1.5mm/4m	弦线/全站仪测量
5		3mm/10m	弦线/全站仪测量
6	轨排里程	±5mm	全站仪检查
7	方向	1.5mm/4m	弦线/全站仪测量
8		3mm/10m	弦线/全站仪测量
9	轨缝错台（竖向/横向）	±1mm	卡尺检查

注：全站仪及弦线检测的具体测量点位及间距需进行工艺性试验确定。

检验数量：施工单位全部检查，监理单位抽检10%。

2 轨排连接件结构尺寸和安装位置应符合设计要求。

检验数量：施工单位、监理单位全部检查。

检验方法：尺量和观察。

3 轨排轨枕、F型钢、连接钢板、销键等涂装质量应符合设计要求。

检验数量：施工单位、监理单位全部检查。

检验方法：观察和核查资料。

一 般 项 目

4 轨缝的容许偏差和检验方法应符合表8.10.2-2的规定。

表8.10.2-2 轨缝的容许偏差和检验方法

序号	项 目	容许偏差	检验数量	检测方法
1	轨缝	±2mm	施工单位全部检查	卡尺检查

注：检查段内实际轨缝的平均值，以计算轨缝值为标准。

5 轨排连接螺栓扭矩应满足设计要求。

检验数量：施工单位全部检查，监理单位抽检。

检验方法：扭力扳手检查。

8.10.3 轨排接头安装施工质量验收应符合下列规定：

主 控 项 目

1 轨排接头安装的静态平顺度应符合表8.10.2-1的规定。

2 轨排接头各零部件结构尺寸和安装位置应符合设计要求。

检验数量：施工单位、监理单位全部检查。

检验方法：尺量和观察。

3 接头轨枕、F型钢、连接钢板等涂装质量应符合设计要求。

检验数量：施工单位、监理单位全部检查。

检验方法：观察和核查资料。

一 般 项 目

4 轨排接头连接螺栓扭矩应满足设计要求。

检验数量：施工单位全部检查，监理单位抽检。

检验方法：扭力扳手检查。

8.10.4 承轨台道床施工质量验收应符合下列规定：

Ⅰ 模 板

主 控 项 目

1 模板安装的检验应符合现行《铁路混凝土工程施工质量验收标准》（TB 10424—2010）的规定。

2 拆除模板时混凝土强度应符合设计要求。当设计无要求时，拆模时混凝土心部与表面、表面与环境之间的温差不得大于 15 ℃。混凝土心部开始降温前不得拆模,大风及气温急骤变化时不应拆模。支撑架拆除时混凝土强度应达设计强度。

检验数量:施工单位、监理单位全部检查。

检验方法:施工单位在拆模前代表性地进行一组同条件养护试件强度试验,监理单位检查试验报告。

3 模板应有足够的强度、刚度和稳定性,其材料质量及结构应符合施工工艺设计要求。

检验数量:施工单位、监理单位全部检查。

检验方法:检查相关工艺设计资料及材料质量证明文件,观察。

4 模板安装必须稳固牢靠,接缝严密,不得漏浆。模板与混凝土接触面必须清理干净。浇筑混凝土前,模板内积水和杂物应清理干净。

检验数量:施工单位、监理单位全部检查。

检验方法:观察。

一 般 项 目

5 预埋件或预埋孔留置位置、尺寸及容许偏差应符合设计要求;设计未规定时,其容许偏差及检验数量和方法应符合现行《铁路混凝土工程施工质量验收标准》(TB 10424—2010)的规定。

6 模板安装的容许偏差和检验方法应符合表 8.10.4-1 的规定。

表 8.10.4-1 模板安装的容许偏差和检验方法

序 号	项 目	容许偏差(mm)	检 验 方 法
1	轴线	≤5	尺量,每边不少于 2 处
2	高度	±5	尺量,不少于 3 处
3	宽度	±10	尺量,不少于 3 处

检验数量:施工单位全部检查。

7 模板拆除应确保混凝土表面及棱角不受损伤。

检验数量:施工单位全部检查。

检验方法:观察。

Ⅱ 钢 筋

主 控 项 目

8 钢筋原材料性能指标检验应符合现行《铁路混凝土工程施工质量验收标准》(TB 10424—2010)的规定。

9 钢筋加工质量检验应符合现行《铁路混凝土工程施工质量验收标准》(TB 10424—2010)的规定。

10 钢筋的连接方式、接头技术要求应符合现行《铁路混凝土工程施工质量验收标准》(TB 10424—2010)的规定。

11 钢筋的安装质量应符合现行《铁路混凝土工程施工质量验收标准》（TB 10424—2010）的规定。

一 般 项 目

12 钢筋原材外观质量应符合现行《铁路混凝土工程施工质量验收标准》（TB 10424—2010）的规定。

13 钢筋加工容许偏差应符合现行《铁路混凝土工程施工质量验收标准》（TB 10424—2010）的规定。

14 钢筋骨架的绑扎应稳固，缺扣、松动的数量不得超过绑扎扣数的5%。

检验数量：施工单位全部检查。

检验方法：观察和手扳检查。

15 钢筋加工容许偏差和检验方法应符合表8.10.4-2的规定。

表8.10.4-2 钢筋加工容许偏差和检验方法

序 号	项 目	容许偏差（mm）	检验方法
1	受力钢筋全长	±10	尺量
2	弯起钢筋的弯折位置	≤20	
3	箍筋内净尺寸	±3	

检验数量：施工单位按钢筋编号各抽检10%，且各不少于3件。

16 钢筋安装容许偏差和检验方法应符合表8.10.4-3的规定。

表8.10.4-3 钢筋安装容许偏差和检验方法

序 号	项 目	容许偏差（mm）	检验方法
1	分布筋间距	±20	尺量，连续3处
2	钢筋保护层厚度	-2 +5	尺量，两端中间各2处
3	箍筋间距	±10	尺量，连续3处

检验数量：施工单位全部检查。

Ⅲ 混 凝 土

主 控 项 目

17 混凝土原材料检验应符合现行《铁路混凝土工程施工质量验收标准》（TB 10424—2010）的规定。

18 混凝土配合比应符合现行《铁路混凝土工程施工质量验收标准》（TB 10424—2010）的规定。

19 混凝土原材料称量、拌制、浇筑施工和养护等应符合现行《铁路混凝土工程施工质量验收标准》（TB 10424—2010）的规定。

一 般 项 目

20 混凝土外形尺寸容许偏差和检验方法应符合表8.10.4-4的规定。

表 8.10.4-4 混凝土外形尺寸容许偏差和检验方法

序号	项目	容许偏差（mm）	检验方法
1	轴线	≤5	尺量，每边不少于2处
2	平整度	≤5	2m靠尺和塞尺不少于3处
3	高度	±5	尺量，不少于3处
4	宽度	±10	尺量，不少于3处

检验数量：施工单位全部检查。

21 模板拆除后，混凝土结构表面应密实、平整、颜色均匀，不得有漏筋、蜂窝、空洞、疏松、麻面和缺棱掉角等缺陷。

检验数量：施工单位全部检查。

检验方法：观察。

8.10.5 轨道整理与复测质量验收应符合下列规定：

主 控 项 目

1 精调整理后，轨道静态铺设精度标准应符合表8.10.2-1的要求。

检验数量：施工单位连续检测，监理单位全部见证检验。

检验方法：施工单位采用全站仪及轨道几何状态测量仪检测，监理单位见证检测。

2 线间距容许偏差为0～+10mm。

检验数量：施工单位每1km抽检2处，每处各抽检10个测点；监理单位按施工单位抽检数量的10%进行见证检测。

检验方法：施工单位尺量或利用测量仪器检测，监理单位见证检测。

一 般 项 目

3 轨道表面应整齐，清洁无杂物。

检验数量：施工单位全部检查。

检验方法：观察检查。

4 轨排编号及标记应正确齐全、字体端正、字迹清晰，铭牌位置设置合理。

检验数量：施工单位、监理单位每1km抽检100m。

检验方法：观察检查。

5 承轨台外形尺寸应符合设计要求。

检验数量：施工单位、监理单位每1km抽检100m。

检验方法：尺量检查。

8.10.6 轨道附属设施验收应符合下列规定：

主 控 项 目

1 线路标志的材质、规格、图案字样均应符合设计要求。

检验数量：施工单位、监理单位全部检查。

检验方法：施工单位对照设计文件，观察检查、尺量；监理单位检查施工单位检验记录，并观察检查。

2 各标志的数量、位置、高度及标志方向应符合设计要求。

检验数量：施工单位全部检查，监理单位平行检验10%。

检验方法：施工单位对照设计文件、点数，观察检查、尺量；监理单位检查施工单位的检验记录，并进行平行检验。

3 车挡的类型、规格、质量应符合设计要求。

检验数量：施工单位、监理单位全部检查。

检验方法：观察。

4 车挡安装位置、数量应符合设计要求。

检验数量：施工单位、监理单位全部检查。

检验方法：观察。

5 安装后的车挡应处于工作状态。

检验数量：施工单位、监理单位全部检查。

检验方法：观察。

一 般 项 目

6 各线路标志应设置端正，涂料色泽鲜明，图像字迹清晰、完整。

检验数量：施工单位全部检查。

检验方法：观察检查。

7 车挡的最大滑动距离应符合设计要求。

检验数量：施工单位、监理单位全部检查。

检验方法：尺量检查。

8 车挡滑动部分应无松动或锁死现象。

检验数量：施工单位、监理单位全部检查。

检验方法：观察。

9 道岔安装与调试

9.1 一般规定

9.1.1 道岔上道铺设前应具备下列条件：
1 设计文件齐全，图纸经过会审。
2 施工组织设计已审批并进行技术交底。
3 道岔旁边有汽车起重机工作空间。
4 作业区段供电、供水、照明和场地条件满足要求。
5 道岔平台上建立道岔安装用测量网，包括道岔前端 X、Y 坐标，道岔后端 X、Y 坐标，以及高程点 Z 坐标。高程点应设在道岔附近 10m 范围内。
6 道岔平台应通过预留钢筋与道岔设备基座连接牢靠。
7 道岔平台应通过施工单位与道岔制造和安装单位的联合检验。

9.1.2 道岔设备安装必须符合道岔设备限界要求，并应满足车辆行驶和安全运营的条件。

9.1.3 安装施工应与线路、道岔基础、供配电、给排水、信号、承轨梁、运输等专业的施工协同进行。

9.1.4 道岔安装的每道工序完成后，应进行检查，确认合格后方可进行下道工序工作。

9.1.5 道岔设备安装后应进行人工转辙试验、输入电源测试、单动和联动试验、信号收授权试验、信号联调试验及车辆通过试验，试验合格后方可投入正式运行。

9.1.6 道岔工程的分部工程、分项工程、检验批划分、检验项目、检验数量及方法应按照现行《高速铁路轨道工程施工质量验收标准》（TB 10754—2010）的相关规定执行。

9.2 道岔安装与调试工艺流程

9.2.1 道岔安装与调试应按图 9.2.1 所示工艺流程进行。

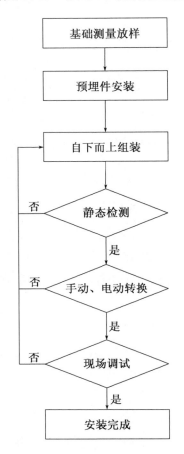

图 9.2.1 道岔安装与调试工艺流程图

9.3 道岔运输与吊装

9.3.1 道岔运输与吊装前应编制道岔运输与吊装专项施工方案，方案应包含保证运输和吊装安全的措施。

9.3.2 应选择与道岔结构及铺设场地相适应的运输车辆和起吊设备。

9.3.3 基础板运输及吊装过程中应采取防止基础板产生塑性变形的措施。

9.3.4 应按照道岔梁起吊点吊装道岔梁，吊具与道岔梁接触处应设置软性夹垫。

9.4 道岔基础预埋件安装

9.4.1 道岔设备墩台应在质量合格的道岔平台上进行施工。

9.4.2 道岔设备基础的施工应符合下列规定：
1 支撑脚、地脚螺栓与道岔设备墩台钢筋笼应焊接牢固，精度满足设计要求。
2 道岔设备基础板的高程应通过调整支撑脚上螺杆长度实现，高程应满足设计要求，支撑脚与基础板应焊接固定。
3 安装到基础板上的地脚螺栓与道岔设备墩台钢筋笼应绑扎牢固，伸出长度应满足设计要求。
4 混凝土宜分两次浇筑，一次混凝土达到设计强度的70%以上后，方可进行第二次浇筑，浇筑及验收应符合设计和现行《混凝土结构工程施工质量验收规范》（GB 50204）的有关规定。

9.4.3 道岔设备墩台预埋钢板到基准高程点的尺寸容许偏差为±3mm。

9.5 道岔安装

9.5.1 电器控制柜的安装应平整、牢固，不得侵入限界，金属外壳或构架应可靠接地。控制柜基础顶面应高于道岔底层基础顶面30cm。

9.5.2 行程开关应安装牢固，转动轴和转动柄应无松动，转动角度应适中，安装位置应符合设计要求，不应阻碍相关部件的运行，确认可靠后方可接入电路使用。

9.5.3 电缆敷设应符合下列规定：
1 应根据整机接线表，确定电缆线的连接位置和电缆线型号及数量。
2 线缆布置宜采用下进下出方式，不应与机械结构相干扰。
3 长度大于或等于3m的电缆两端宜留出约300mm，3m以下电缆两端宜留出约100mm。
4 有相对移动的机械部件之间的布线，在两者之间预留适当长度（具体长度由最大相对移动量确定）的电缆。
5 所有的电缆必须分层布置，不得绞合或缠绕。单独布置的电缆，必须用扎线杆或镀锌钢管进行紧固或保护。
6 电缆在转弯处应用扎带绑扎，转弯半径不应小于15倍电缆直径；当电缆固定安装时，如空间限制，容许的转弯半径最小为6倍电缆直径。
7 电缆端部应做相应的固定和防水密封处理，确保雨水不会沿电缆进入电气设备。

9.6 道岔试验

9.6.1 转辙试验应包含以下内容：

1 手动转辙道岔，检测是否有卡阻和干涉，直线位和侧向位线形是否满足要求。

2 完成手动转辙道岔试验后，检查电路、开关元件正确无误后可通电进行电动转辙试验，检测各种动作元件是否正常。

9.6.2 完成现场转辙试验后，应按照信号联锁试验、联调联试方案对道岔进行动态试验。

9.7 道岔安装质量验收

9.7.1 道岔 F 型导轨安装及道岔梁质量验收应符合下列规定：

主 控 项 目

1 道岔 F 型导轨安装及道岔梁主控项目检测应符合表 9.7.1-1 的规定。

表 9.7.1-1 道岔 F 型导轨安装及道岔梁主控项目检测

序号	项 目	检 查 内 容	容许偏差	检 验 方 法
1	线路检测	高程检测	轨枕上顶面	±1mm	全站仪
2		里程检测	道岔控制点（岔心点、岔前点、岔后点）	±3mm	全站仪
3	轨道检测	F 型导轨总长度检测	测量道岔梁上 F 型导轨两端面距离	±5mm	钢卷尺测量
4		F 型导轨磁极面平面度检测	测量 F 型导轨磁极面	0.6mm/4m，1.5mm/全长	水准仪、标尺相对高度检测法
5		F 型导轨磁极面侧面直线度检测	F 型导轨磁极面向上 50mm 处测量	1mm/3m，3mm/全长	F 型导轨磁极面向上 50mm 处，两端钢丝与斜面等距拉线，钢板尺检测
6		F 型导轨连接板与两边 F 型导轨轨缝应均匀分布	两端轨缝	轨缝测量值之差不应大于 2mm	钢板尺直读
7		F 型导轨磁极面接头高低差	F 型导轨磁极面接头处	高低差应不大于 0.5mm	用刀口尺搭在 F 型导轨磁极面的接头处，用塞尺检测缝隙的大小
8		F 型导轨接头处的外侧线错位	F 型导轨接头处的外侧线	侧线错位应不大于 0.5mm	用刀口尺搭在 F 型导轨外侧线的接头处，用塞尺检测缝隙的大小

表 9.7.1-1（续）

序号	项 目	检 查 内 容	容 许 偏 差	检 验 方 法
9	轨道检测	F型导轨中心距检测	在F型导轨与安装板连接处及梁端检测	公差±1mm	专用量具
10	道岔转辙精度	转辙距	道岔尾端转辙中心线到道岔基线的垂直距离	±2mm	全站仪检测

检验数量：施工单位、监理单位全部检查。

一 般 项 目

2 道岔F型导轨安装及道岔梁一般项目检测应符合表9.7.1-2的规定。

表 9.7.1-2 道岔F型导轨安装及道岔梁一般项目检测

序号	项 目	检 查 内 容	容许偏差（mm）	检 验 方 法
1	道岔梁	道岔梁总长度检测	垛梁两边缘	±5	钢卷尺测量
2		整体组装高度检测	台车车轮踏面到F型导轨安装面	+1 -2	钢卷尺测量

检验数量：施工单位、监理单位全部检查。

9.7.2 驱动装置主控项目检测应符合表9.7.2的规定。

表 9.7.2 驱动装置主控项目检测

序号	检 查 内 容	检 查 数 量	检 验 方 法
1	驱动电机手动释放装置、手动操作装置应能正常操作	施工单位、监理单位全部检查	操作
2	传动机构应无异响、无动作失灵、无卡滞	施工单位、监理单位全部检查	观察
3	安装后的驱动装置旋转臂滚轮与导槽侧面板板间的总间隙符合设计要求	施工单位、监理单位全部检查	卡尺测量
4	联轴器、传动轴圆跳动量不应大于1.5mm	施工单位、监理单位全部检查	百分表测量
5	每组道岔的减速器安装后的基准线偏差不应大于3mm	施工单位、监理单位全部检查	钢卷尺测量
6	安装后的转辙减速器主轴和传动轴相对角位移不应大于1.5°	施工单位、监理单位全部检查	角度尺测量
7	安装后的驱动导向槽位置与设计值偏差应小于2mm	施工单位、监理单位全部检查	钢卷尺测量
8	高强螺栓扭矩应符合设计要求	施工单位全部检查，监理单位抽查20%	扭矩扳手

9.7.3 锁定装置质量验收应符合下列规定：

主 控 项 目

1 锁定装置主控项目检测应符合表9.7.3的规定。

表9.7.3 锁定装置主控项目检测

序号	检 查 内 容	检验方法
1	锁定电机手动释放装置及手动操作装置应能正常操作	操作
2	滚轮与锁销间隙应在0.3~0.6mm之间	塞尺测量
3	锁销运动应灵活，无动作失灵、无卡滞，推杆应进出自如	观察
4	锁定装置的锁定槽安装应保证道岔转辙后的线形符合设计要求	钢卷尺测量

检验数量：施工单位、监理单位全部检查。

一 般 项 目

2 锁定装置电动推杆伸缩极限偏差±4mm。

检验数量：施工单位全部检查。

检验方法：测量。

9.7.4 外观质量验收主控项目检测应符合表9.7.4的规定。

表9.7.4 外观质量主控项目检测

序号	项目	要求	检测方法	序号	项目	要求	检测方法
1	减速器	无渗油	观察	8	限位开关	动作灵活	观察
1	减速器	无异常震动	观察	9	安全罩	齐全	观察
1	减速器	无异常噪声	听	10	电控柜	防雨、防风	观察
2	制动器	动作灵活	观察	11	控制器	可同时操作两套锁定	观察
3	电机及传动轴	无异常噪声	听	12	电气设备	国家定点厂生产，动作准确，灵活可靠	观察
4	台车	与钢轨接触良好	观察	13	道岔接线	平整、标准、牢固	观察
5	缓冲器	牢固可靠	敲击	14	油漆表面脆皮	不允许	观察
6	锁定	锁死无松动	敲击	15	油漆表面皱皮	不允许	观察
6	锁定	松开无卡阻、无碰撞	观察	16	油漆表面状态	光亮、平整、均匀	观察
7	焊缝质量	平整均匀	观察	17	螺栓	无松动	敲击

检验数量：施工单位全部检查。

9.7.5 电控系统验收应符合下列规定：

主 控 项 目

1 电气柜、接线箱主控项目检验应符合表9.7.5-1的规定。

表9.7.5-1 电气柜、接线箱主控项目检验

序号	检 验 内 容	检 验 数 量	检 验 方 法
1	检查电气柜的外包装及外观应无损伤	施工单位、监理单位全部检查	观察
2	检查质量证明文件及技术资料应完整正确		
3	检查内部电气元件应无损伤，安装整齐、牢固且美观		
4	电气柜和接线箱内器件标识清晰、整齐、统一		
5	电气柜、接线箱安装位置、排列顺序、安装方式应符合设计要求		观察、测量
6	电气柜、接线箱的外壳必须接地或接零可靠，柜、箱体的门框与接地端子间应用接地铜导线连接		

2 布线槽、电缆管主控项目检验应符合表9.7.5-2的规定。

表9.7.5-2 布线槽、电缆管主控项目检验

序号	检 验 内 容	检 验 数 量	检 验 方 法
1	金属电缆桥架及其支架和电缆导管必须接地或接零可靠	施工单位、监理单位全部检查	观察、测量
2	电缆桥架应采用铜芯接地线，接地线截面积不小于$4mm^2$		
3	桥架间连接板的两端不跨接接地线，但其两端应有防松螺帽或垫圈，数量不少于2个		
4	金属导管不得熔焊跨接接地线，以专用接地卡跨接的两卡间连线应采用铜芯接地线，接地线截面积不小于$4mm^2$		
5	金属导管采用螺纹连接时，连接处的两端用专用接地卡固定跨接接地线		
6	金属导管严禁对口熔焊连接，壁厚小于2mm的不得套管熔焊连接		观察

3 配线主控项目检验应符合表9.7.5-3的规定。

表9.7.5-3 配线主控项目检验

序号	检 验 内 容	检 验 数 量	检 验 方 法
1	道岔除弱电系统外，所有电线、电缆均应采用额定电压不低于500V的铜芯多股电线或电缆；多股电线截面面积不小于$1.5mm^2$，多股电缆截面积不小于$1.0mm^2$	施工单位、监理单位全部检查	观察、测量
2	电缆型号、电压规格应符合设计规定；电缆外应无损伤，敷设时严禁有绞拧		观察、核对
3	接线必须准确牢固，回路标识应清晰	施工单位全部检查，监理单位抽查20%	观察、抽测
4	电缆槽、导管进出口，电器柜、分线箱进出线口在配线完成后采用密封措施		

4 限位开关主控项目检验应符合表9.7.5-4的规定。

表 9.7.5-4 限位开关主控项目检验

序号	检 验 内 容	检 验 数 量	检 验 方 法
1	型号应符合设计图纸要求	施工单位、监理单位全部检查	观察、抽测
2	安装位置合适，能够满足机构动作行程要求		
3	安装保证同一位置的一组限位开关动作一致		
4	动作范围不超过其自身允许的动作范围		

5 电动机、电动执行机构主控项目检验应符合表9.7.5-5的规定。

表 9.7.5-5 电动执行机构主控项目检验

序号	检 验 内 容	检 验 数 量	检 验 方 法
1	电动机、电动执行机构的可接近裸露导体必须接地或可靠接零	施工单位、监理单位全部检查	观察、测量
2	电动机、电动执行机构的绝缘电阻值应大于1MΩ		
3	对于可能造成触电危险的电动执行机构，应加装防护罩		

6 接地、防雷主控项目检验应符合表9.7.5-6的规定。

表 9.7.5-6 接地、防雷主控项目检验

序号	检 验 内 容	检 验 数 量	检 验 方 法
1	道岔应设有可靠的工作接地和保护接地；道岔梁之间应可靠连接，并在固定端引入接地网，接地电阻不大于4Ω；道岔电气柜内弱电接地应单独引出接地，接地电阻要求不大于1Ω	施工单位、监理单位全部检查	观察、测量
2	防雷设施的安装位置、安装方式应符合设计要求		
3	防雷设施与被保护设备之间的连接线路宜采取最短路径，不应迂回绕接		观察
4	防雷设施配线应与其他设备配线分开布放，其他设备配线不得借用防雷设施的配线端子		

7 接口主控项目检验应符合表9.7.5-7的规定。

表 9.7.5-7 接口主控项目检验

序号	检 验 内 容	检 验 数 量	检 验 方 法
1	道岔电控系统与中控信号系统接口应符合设计要求	施工单位、监理单位全部检查	观察、测量
2	道岔电控系统应在电气柜内设置独立的接口端子，端子标识清晰		
3	电源符合设计要求		

一 般 项 目

8 电气柜、接线箱一般项目检验应符合表9.7.5-8的规定。

表 9.7.5-8　电气柜、接线箱一般项目检验

序号	检验内容	检验数量	检验方法
1	电气柜安装垂直度偏差不大于1.5‰	施工单位全部检查，监理单位抽查20%	测量
2	电气柜安装水平度在同一区域箱底面高度偏差不大于5mm		
3	电气柜、接线箱安装牢固，电气柜底座着地不悬空，接线箱安装整齐标准	施工单位、监理单位全部检查	观察
4	进出线口处应有密封		

9　布线槽、电缆管一般项目检验应符合表9.7.5-9的规定。

表 9.7.5-9　布线槽、电缆管一般项目检验

序号	检验内容	检验数量	检验方法
1	布线槽、电缆管的规格尺寸、安装位置、走向应符合图纸设计和相关产品标准	施工单位、监理单位全部检查	观察、测量
2	桥架、电缆导管转弯处的弯曲半径应不小于桥架内电缆最小允许弯曲半径		
3	桥架盖板应使用固定压板，并使用连接螺栓固定		
4	电缆导管不应直接焊接在道岔金属结构上，固定牢固		
5	电缆导管管口应加装护管口套，露天安装时应使管口向下或采取其他防水措施	施工单位、监理单位全部检查	观察、测量
6	非金属柔性导管与电气设备、器具连接时，长度不应大于0.8m		
7	金属柔性导管不能作为接地或接零连接导体		

10　配线一般项目检验应符合表9.7.5-10的规定。

表 9.7.5-10　配线一般项目检验

序号	检验内容	检验数量	检验方法
1	线槽内线缆应顺直、不绞扭；电缆转弯半径不小于电缆外径的10倍	施工单位、监理单位全部检查	观察、测量
2	电线电缆在电缆导管和桥架进出口处，应采用保护措施		
3	电缆首、尾端和分支处设置标志牌，牌上应注明线路编号，或写电缆型号、规格及起终点，并联使用的电缆应有顺序号；标志牌的规格宜一致，应牢固且防腐，字迹应清晰，不易脱落		

11　限位开关一般项目检验应符合表9.7.5-11的规定。

表 9.7.5-11 限位开关一般项目检验

序号	检验内容	检验数量	检验方法
1	限位开关进出线口应设置密封措施	施工单位、监理单位全部检查	观察、抽测
2	设置标志牌，注明道岔组别、编号、名称、用途等；牌上字迹应清晰，不易脱落		
3	标志牌规格应一致，挂装牢靠且防腐		

12 电动执行机构一般项目检验应符合表 9.7.5-12 的规定。

表 9.7.5-12 电动执行机构一般项目检验

序号	检验内容	检验数量	检验方法
1	电气设备安装牢固，螺栓及防松零件齐全，不松动；接线出入口应做防水防潮密封	施工单位全部检查，监理单位抽查30%	观察、测量
2	设备接线盒内裸露的不同相导线间和导线对地间最小距离应大于8mm，否则应采取绝缘防护措施		
3	电动机外观检查、电气试验、手动盘转和运转异常的，应抽芯检查	施工单位、监理单位全部检查	观察
4	抽芯检查规定：线圈绝缘层完好、无伤痕，端部绑线不松动，槽楔固定、无断裂，引线焊接饱满，内部清洁，通风孔道无堵塞；轴承无锈斑，注油或脂的型号、规格和数量正确，转子平衡块紧固，平衡螺钉锁紧，风扇叶片无裂痕；连接紧固件的防松零件齐全；其他指标符合产品技术文件的要求		

13 接地、防雷一般项目检验应符合表 9.7.5-13 的规定。

表 9.7.5-13 接地、防雷一般项目检验

序号	检验内容	检验数量	检验方法
1	道岔梁间接地线应采用截面积不小于 $6mm^2$ 的铜芯接地线或铜编织线，满足道岔转辙时梁间的相对位移	施工单位全部检查，监理单位抽查20%	观察、测量
2	防雷设施应安装牢固、可靠，并清晰标识用途及去向	施工单位、监理单位全部检查	观察

10 单位工程综合质量评定

10.1 单位工程质量控制资料核查

10.1.1 单位工程质量控制资料应齐全完整,全面反映工程施工质量状况。

10.1.2 单位工程质量控制资料核查应由监理单位组织施工单位进行,并按照表10.1.2填写记录。

表10.1.2 单位工程质量控制资料核查记录

单位工程名称				
施工单位				
序号	资料名称	份数	核查意见	核查人
1	图纸会审、设计变更、洽商记录			
2	线下工程沉降变形评估报告			
3	工程测量记录			
4	原材料出厂合格证及进场检(试)验报告			
5	施工试验报告及见证检测报告			
6	成品及半成品出厂合格证或试验报告			
7	施工记录			
8	工程质量事故及事故调查记录			
9	施工质量管理检查记录			
10	分项、分部工程质量验收记录			
11	新材料、新工艺施工记录			
结论:				
施工单位项目负责人: 年 月 日			总监理工程师: 年 月 日	

注:核查人为验收组的监理单位人员。

10.2 单位工程实体质量与主要功能核查

10.2.1 单位工程完成后，应由建设单位组织勘察设计、监理、施工单位对单位工程实体质量和主要功能进行核查，并按表10.2.1填写记录。

表10.2.1 单位工程实体质量和主要功能核查记录

单位工程名称				
施工单位				
序号	资料名称	份数	核查意见	核查人
1	轨道静态铺设精度			
2	道岔（直向）静态铺设精度			
3	扣件缺损			
4	扣件扭矩			
5	轨排外观质量			
6	承轨台表面裂纹			
7	承轨台断面尺寸			
8	承轨台伤损			
9	线间距			
10	轨排接头铺设位置及尺寸			
结论：				
施工单位项目负责人： 总监理工程师： 设计单位项目负责人： 建设单位项目负责人： 年 月 日　　　　　年 月 日　　　　　年 月 日　　　　　年 月 日				

注：核查项目由验收组协商确定，可增减。

10.2.2 单位工程实体质量检验应符合下列规定：

1 轨道静态铺设精度的检查数量为每个单位工程抽查300m线路，质量要求及检验方法符合本标准第8.10.2条的规定。

2 道岔（直向）静态铺设精度的检验数量为每个单位工程抽查一组道岔，质量要求及检验方法应符合本标准第9.7.1条的规定。

3 扣件缺损的检验数量为每个单位工程抽查200m线路，扣件应无缺损，检验方法为观察。

4 扣件扭矩的检验数量为每个单位工程抽查200m线路，质量要求及检验方法应符合本标准第8.10.1条的规定。

5 承轨台表面裂纹的检验数量为每个单位工程抽查200m线路，质量要求及检验方法应符合本标准第8.10.4条第21款的规定。

6 承轨台断面尺寸的检验数量为每个单位工程抽查200m线路，质量要求及检验方法应符合本标准第8.10.4条第20款的规定。

7 承轨台损伤的检验数量为每个单位工程抽查200m线路，质量要求及检验方法应符合本标准第8.10.4条第21款的规定。

8 线间距的检验数量为每个单位工程抽查200m线路，容许偏差及检验方法应符合本标准第8.10.5条的规定。

9 轨排接头铺设位置及尺寸的检验数量为每个单位工程抽查2组轨排接头，质量要求及检验方法应符合本标准第8.10.3条的规定。

10.3 单位工程观感质量评定

10.3.1 线路开通前由建设单位组织有关单位开展线路检查和清理工作。观感质量评定由建设单位组织设计、监理、施工单位共同进行现场评定，并按表10.3.1填写记录。

表10.3.1 单位工程观感质量检查记录

单位工程名称				
施工单位				
序号	资料名称	质量状况	质量评价	
			合格	差
1	控制基标			
2	承轨台道床			
3	F型导轨			
4	轨枕			
5	扣件			
6	道岔			
7	轨排接头			
8	位移观测桩			
9	线路标志			
结论：				
施工单位项目负责人：　　　总监理工程师：　　　设计单位项目负责人：　　　建设单位项目负责人：				
年　月　日　　　　　　　年　月　日　　　　　　　年　月　日　　　　　　　年　月　日				

注：核查项目由验收组协商确定，可增减。

10.3.2 单位工程观感质量检查项目评定达不到合格标准的应进行返修。

10.3.3 控制基标应标识齐全，色泽鲜明、清晰完整。

10.3.4 承轨台道床应表面平整、清洁、无污染，线条顺直、美观、无碰损。

10.3.5 F型导轨应远视平顺，轨向直线顺直、曲线圆顺，头尾不得有反弯或"鹅头"。

10.3.6 扣件应齐全、清洁、无杂物、上下对齐、位置正确。

10.3.7 道岔主动梁、从动梁、垛梁整体线形应远视顺直，转辙机应运行正常，表面清洁、无杂物。道岔内各种标识应齐全、清晰。

10.3.8 位移观测桩设置应便于观测，标识齐全、清晰。

10.3.9 线路标志应埋设端正，涂料均匀，色泽鲜明，图像字迹应清晰、完整。

附录 A.1 现场管理检查记录表

现场多项检查记录表

单位工程名称			开工日期	
建设单位			项目负责人	
设计单位			项目负责人	
监理单位			总监理工程师	
施工单位		项目负责人	项目技术负责人	

序号	项目	内容
1	开工报告	
2	现场质量管理制度	
3	质量责任制	
4	工程质量检验制度	
5	施工技术标准	
6	施工图现场核对情况	
7	下部结构沉降、变形观测评估资料	
8	交接桩、施工复测及测量控制网资料	
9	施工组织设计、施工方案、环境保护方案及审批	
10	分包方资质及对分包单位的管理制度	
11	主要专业工种操作上岗证	
12	管理层、技术层、作业层人员质量责任登记表	
13	施工检测设备及计量器具配置	
14	现场材料、设备存放与管理制度	
15	相关工程接口检验资料	

检查结论：

监理工程师：　　　　　年　月　日

附录 A.2 轨道及道岔安装单位工程、分部工程、分项工程划分表

现场多项检查记录表

单位工程	子单位工程	分部工程	子分部工程	分项工程
轨道工程	正线轨道工程	轨道测量		轨道基标设置
		线路轨道		扣件安装
				轨排铺设
		承轨台式道床		模板
				钢筋
				混凝土
		轨道附属设施与标志		车挡安装
				线路及信号标志
	车辆段及出入段线、辅助线等轨道工程	轨道测量		轨道基标设置
		线路轨道		扣件安装
				轨排铺设
		承轨台式道床		模板
				钢筋
				混凝土
		轨道附属设施与标志		车挡安装
				线路及信号标志
道岔工程	道岔安装工程	基础预埋件施工		支撑脚安装工程
				基础板安装工程
		道岔安装		台车
				铰轴连杆安装工程
				道岔梁、活动端垛梁安装工程
				梁上导轨、活动端导轨安装工程
				竖向限位安装工程
				锁闭装置安装工程
				驱动装置安装工程
				电气控制系统安装工程
				调试

附录 B.1 检验批质量验收记录

_____检验批质量验收记录

编号：

单位（子单位）工程名称		分部（子分部）工程名称		分项工程名称	
施工单位		项目负责人		检验批容量	
分包单位		分包单位项目负责人		检验批部位	
施工依据			验收依据		

	验收项目	设计要求及规范规定	最小/实际抽样数量	检查记录	检查结果
主控项目	1				
	2				
	3				
	4				
	5				
	6				
	7				
	8				
	9				
	10				
一般项目	1				
	2				
	3				
	4				
	5				
施工单位检查结果	专业工长（施工员）： 项目专业质量检查员： 年　月　日				
监理（建设）单位验收结论	专业监理工程师（建设单位）： 项目专业负责人： 年　月　日				

附录 B.2 现场验收检验批检查原始记录

现场验收检验批检查原始记录

共 页 第 页

单位（子单位）工程名称			检验批名称	
检验批编号			验收日期	年 月 日
编号	验收项目	验收部位	验收情况记录	备注

质量员： 施工员： 旁站监理：

注：本表格由质量员在验收现场记录填写。

附录 B.3　分项工程质量验收记录

_____分项工程质量验收记录

编号：

单位（子单位） 工程名称			分部（子分部） 工程名称			
分项工程数量			检验批数量			
施工单位			项目负责人		项目技术 负责人	
分包单位			分包单位 项目负责人		分包内容	
序号	检验批 名称	检验批 容量	部位/区段	施工单位检查结果	监理单位验收结论	
1						
2						
3						
4						
5						
6						
7						
8						
9						
10						
11						
12						
13						
14						
15						
说明：						
施工单位 检查结果					项目专业技术负责人： 　　　　　　　年　月　日	
监理（建设）单位 验收结论					专业监理工程师（建设单位 项目技术负责人）： 　　　　　　　年　月　日	

注：检验批容量指本检验批的工程量，计量项目和单位按专业验收规范中对检验批容量的规定。

附录 B.4 分部（子分部）工程质量验收记录

_____分部（子分部）工程质量验收记录

编号：

单位（子单位）工程名称		子分部工程数量		分项工程数量	
施工单位		项目负责人		技术（质量）负责人	
分包单位		分包单位负责人		分包内容	

序号	子分部工程名称	分项工程名称	检验批数量	施工单位检查结果	监理单位验收结论
1					
2					
3					
4					
5					
6					
7					
质量控制资料					
安全和功能检验结果					
观感质量检验结果					
综合验收结论					

施工总包单位	施工分包单位	设计单位	监理（建设）单位
（公章）	（公章）	（公章）	（公章）
项目负责人：	项目负责人：	项目负责人：	总监理工程师（建设单位项目负责人）：
年 月 日	年 月 日	年 月 日	年 月 日

注：分部工程验收前，质量控制资料、安全和功能检验结果、观感质量检验结果等资料需检查合格。

附录 B.5　轨道安装工程竣工验收资料清单

轨道安装工程竣工验收资料清单

序　号	资　料　名　称
1	原材料、配件、混凝土构件等出厂合格证及验收记录
2	各种试验报告和质量评定记录
3	F型导轨、轨排检验记录
4	隐蔽工程检验记录
5	工程测量定位记录
6	轨道铺设记录
7	建筑和设备限界、高程、位置检验记录
8	图纸会审记录、变更设计或洽商记录
9	开竣工报告
10	竣工图

附录 B.6 道岔安装工程竣工验收资料清单

道岔安装工程竣工验收资料清单

序 号	资 料 名 称
1	原材料、配件等出厂合格证及验收记录
2	各种试验报告
3	钢结构构件、零部件检验记录
4	控制系统测试记录
5	隐蔽工程检验记录
6	工程测量记录
7	道岔安装记录
8	道岔检验表格
9	开竣工报告
10	竣工图

附录 B.7 单位（子单位）工程质量竣工验收记录

单位（子单位）工程质量竣工验收记录

工程名称						
施工单位		技术负责人		开工日期		年 月 日
项目负责人		项目技术负责人		完工日期		年 月 日

序号	项目	验收记录	验收结论
1	分部工程验收	共_____分部，经查符合设计及标准规定_____分部	
2	质量控制资料核查	共_____项，经核查符合规定_____项	
3	安全和使用功能核查及抽查结果	共核查____项，符合规定____项，共抽查____项，符合规定____项，经返工处理符合规定____项	
4	观感质量验收	共抽查____项，达到"好"的____项，"一般"的____项，经返修处理符合要求的____项	
综合验收结论			

	建设单位	监理单位	施工单位	设计单位
参加验收单位	（公章） 项目负责人： 年 月 日	（公章） 总监理工程师： 年 月 日	（公章） 项目负责人： 年 月 日	（公章） 项目负责人： 年 月 日

注：单位工程验收时，验收签字人员应由相应单位的法人代表书面授权。

附录 C.1 F 型钢机械加工检验记录

F 型钢机械加工检验记录

编号：F-机加-

图号		F 型钢编号	

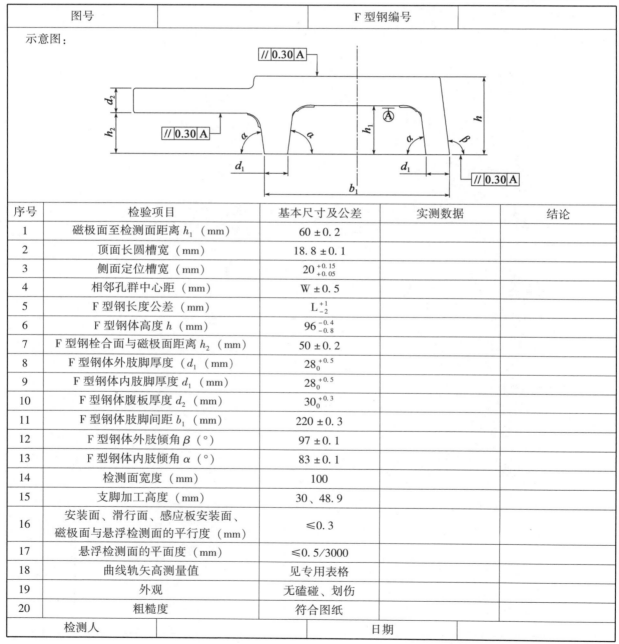

序号	检验项目	基本尺寸及公差	实测数据	结论
1	磁极面至检测面距离 h_1 （mm）	60 ± 0.2		
2	顶面长圆槽宽（mm）	18.8 ± 0.1		
3	侧面定位槽宽（mm）	$20^{+0.15}_{+0.05}$		
4	相邻孔群中心距（mm）	$W \pm 0.5$		
5	F 型钢长度公差（mm）	L^{+1}_{-2}		
6	F 型钢体高度 h（mm）	$96^{-0.4}_{-0.8}$		
7	F 型钢栓合面与磁极面距离 h_2（mm）	50 ± 0.2		
8	F 型钢体外肢脚厚度（d_1）（mm）	$28^{+0.5}_{0}$		
9	F 型钢体内肢脚厚度 d_1（mm）	$28^{+0.5}_{0}$		
10	F 型钢体腹板厚度 d_2（mm）	$30^{+0.3}_{0}$		
11	F 型钢体肢脚间距 b_1（mm）	220 ± 0.3		
12	F 型钢体外肢倾角 β（°）	97 ± 0.1		
13	F 型钢体内肢倾角 α（°）	83 ± 0.1		
14	检测面宽度（mm）	100		
15	支脚加工高度（mm）	30、48.9		
16	安装面、滑行面、感应板安装面、磁极面与悬浮检测面的平行度（mm）	≤0.3		
17	悬浮检测面的平面度（mm）	≤0.5/3000		
18	曲线轨矢高测量值	见专用表格		
19	外观	无磕碰、划伤		
20	粗糙度	符合图纸		
检测人		日期		

附录 C.2　F 型钢曲线线形检测记录

F 型钢曲线线形检测记录

轨排编号		图号	
起始点			
曲线轨设计弦长			
曲线轨理论弦高			
数控机床 X 向读数值			
数控机床 Y 向读数值			
曲线轨实测弦高			
备注			

操作者：　　　　　　　检验人员：　　　　　　　日期：

附录 C.3　F 型钢涂装工序质量检验记录

F 型钢涂装工序质量检验记录

施工图号				F 轨编号					
环境温度（℃）				环境湿度（%）					
预处理、除锈等级及粗糙度要求		Sa2.5　R_z40μm～70μm					符合□　不符合□		
涂装部位		轨体外表面（F 型钢体、轨枕及连接件等）							
涂料品种	累计规定厚度（μm）	规定厚度的85%（μm）		测量点				检测日期	结合力
				1	2	3	4	5		
环氧富锌底漆 1 道	80	68	检测结果（μm）							
环氧云铁中间漆 2 道	200	170	检测结果（μm）							
氟碳面漆 2 道（中灰 B02）	300	255	检测结果（μm）							
外观	无漏涂、流挂、针孔、气泡、脱落、裂纹等缺陷						符合□　不符合□		
结论									
涂装部位		F 型钢体和轨枕连接面							
涂料品种	累计规定厚度（μm）	规定厚度的85%（μm）		测量点				检测日期	结合力
				1	2	3	4	5		
无机富锌防锈防滑漆 1 道	120	102	检测结果（μm）							
外观	无漏涂、流挂、针孔、气泡、脱落、裂纹等缺陷						符合□　不符合□		
结论									
涂装部位		F 型钢体覆铝面							
涂料品种	累计规定厚度（μm）	规定厚度的85%（μm）		测量点				检测日期	结合力
				1	2	3	4	5		
环氧富锌底漆 1 道	50	42	检测结果（μm）							
外观	无漏涂、流挂、针孔、气泡、脱落、裂纹等缺陷						符合□　不符合□		
结论									
检测人：							日期：		

附录 C.4　铝感应板进厂检验记录

铝感应板进厂检验记录

编号：

批次号		批次数量	

示意图：

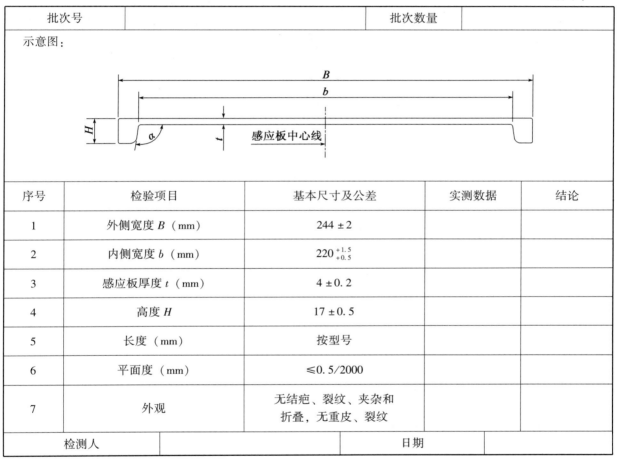

序号	检验项目	基本尺寸及公差	实测数据	结论
1	外侧宽度 B（mm）	244 ± 2		
2	内侧宽度 b（mm）	$220^{+1.5}_{+0.5}$		
3	感应板厚度 t（mm）	4 ± 0.2		
4	高度 H	17 ± 0.5		
5	长度（mm）	按型号		
6	平面度（mm）	≤0.5/2000		
7	外观	无结疤、裂纹、夹杂和折叠，无重皮、裂纹		
检测人		日期		

附录C.5　H型轨枕加工精度检验记录

H型轨枕加工精度检验记录

图号			轨枕编号	
序号	检验项目	基本尺寸及公差	实测数据	结论
1	H型钢轨枕长度（mm）	1590±1		
2	孔群中心距1（mm）	60±0.5		
3	孔群中心距2（mm）	120±0.5		
4	孔径（mm）	$\phi 22_0^{+0.21}$		
5	孔位1（mm）	700±0.5		
6	孔位2（mm）	430±0.5、470±0.5		
7	H型钢轨枕直线度（mm）	1/1000		
8	H型钢轨枕左右表面共面度（mm）	≤0.2		
9	H型钢轨枕上下表面平面度（mm）	≤0.5		
10	外观	无磕碰、划伤（mm）		
检测人			日期	

附录 C.6 中低速磁浮工程轨排组装质量记录

中低速磁浮工程轨排组装质量记录

（直/曲）

轨排编号：　　　　　　　　　　　　　　　　　　　时间：

F型导轨编号	部位	检查内容	始端	1	2	3	4	5	6	7	8	9	10	11	末端	备注
左：		轨距1860mm±1mm（间隔）（实际测量点由轨排组装厂家的具体工艺和工装确定）														始、末端为槽距
		线型（轨向）直线度、弦高	左≤1.5mm/4m	—			—				—	—	—		—	
			右≤1.5mm/4m	—			—				—	—	—		—	
右：		同一横截面四磁板共面度	左≤1mm														
			右≤1mm														
		F型导轨长度（曲线为弦长）		左：　　　　　D1：　　　　　右：　　　　　D2：　　　　　差值：													缓和曲线按设计
		F型导轨对角线长度		左：　　　　　　　　　　　　　右：　　　　　　　　　　　　　差值：													
		总高度$100^{+0.3}_{-0.5}$（实测$100^{+0.6}_{-0.2}$包括油漆厚）		高强度螺栓：													
		感应板上表面各固定螺钉间的不平面度。≤1mm		结论：													

施工技术人员：　　　　　　质量员：　　　　　　班组：　　　　　　监理：

— 79 —

本标准用词说明

1 为便于在执行本标准条文时区别对待,对于要求严格程度不同的用词说明如下:
1)表示很严格,非这样不可的用词:
正面词采用"必须",反面词采用"严禁";
2)表示严格,在正常情况下均应这样做的用词:
正面词采用"应",反面词采用"不应"或"不得";
3)表示容许稍有选择,在条件许可时首先应这样做的用词:
正面词采用"宜",反面词采用"不宜";
4)表示有选择,在一定条件下可以这样做的,采用"可"。
2 条文中指明应按其他标准、规范执行的写法为:"按……执行"或"应符合……的规定"。

引用标准名录

1 《建筑工程施工质量验收统一标准》（GB 50300—2013）
2 《国家一、二等水准测量规范》（GB 12897）
3 《一般公差、未注公差的线性和角度尺寸的公差》（GB/T 1804—2000）
4 《形状和位置公差 未注公差值》（GB/T 1184—1996）
5 《碳素结构钢》（GB/T 700）
6 《低合金高强度结构钢》（GB/T 1591）
7 《金属熔化焊接头缺欠分类及说明》（GB/T 6417.1）
8 《涂覆涂料前钢材表面处理 表面清洁度的目视评定 第1部分：未涂覆过的钢材表 面和全面清除原有涂层后的钢材表面的锈蚀等级和处理等级》（GB/T 8923.1—2011）
9 《铁路信号 AX 系列继电器》（GB/T 7417）
10 《混凝土结构工程施工质量验收规范》（GB 50204）
11 《高速铁路轨道工程施工质量验收标准》（TB 10754－2010）
12 《中低速磁浮交通轨排通用技术条件》（CJ/T 413－2012）
13 《高速铁路工程测量规范》（TB 10601－2009）
14 《铁路信号故障——安全原则》（TB/T 2615）
15 《继电式电气集中联锁技术条件》（TB/T 1774）
16 《中低速磁浮交通道岔系统设备技术条件》（CJ/T 412－2012）
17 《中低速磁浮交通设计规范》（CJJ/T 262－2017）
18 《铁路混凝土工程施工质量验收标准》（TB 10424－2010）
19 《高速铁路轨道工程施工技术规程》（Q/CR 9605－2017）
20 《铁路钢桥制造规范》（Q/CR 9211－2015）
21 《城市轨道交通建设工程验收管理暂行办法》（建质〔2014〕42号）

引用专利技术名录

[1] 中铁十一局集团有限公司．一种磁悬浮轨排加工精度检测平台：中国，201520609794.1［P］．2016-01-13．

[2] 中铁十一局集团有限公司．一种单线梁安全平台：中国，201520609161.0［P］．2016-01-13．

[3] 中铁十一局集团有限公司．一种双线梁安全平台：中国，201520608710.2［P］．2016-01-13．

[4] 中铁十一局集团有限公司．一种作用于F轨的吊具：中国，201510496039.1［P］．2017-01-11．

[5] 中铁十一局集团有限公司．一种轨排调节装置：中国，201510496048.0［P］．2017-04-05．

[6] 中铁十一局集团有限公司．一种轨道承轨台浇筑模具：中国，201520608771.9［P］．2016-01-13．

本文件的发布机构提请注意，声明符合本文件时，可能涉及到相关专利的使用。

本文件的发布机构对于该专利的真实性、有效性和范围无任何立场。

该专利持有人已向本文件的发布机构保证，他愿意同任何申请人在合理且无歧视的条款和条件下，就专利授权许可进行谈判。该专利持有人的声明已在本文件的发布机构备案。相关信息可通过以下联系方式获得：

专利持有人姓名：中铁十一局集团有限公司

地址：湖北省武汉市武昌区中山路277号中铁大厦21楼

请注意除上述专利外本文件的某些内容仍可能涉及专利。本文件的发布机构不承担识别这些专利的责任。